15초 안에 고객을 감동시키는 비결

미라클 고객 감동

김진익 교수 저

도서출판 한글

세계화 시대에 기업의 생존은 고객 감동 경영을 실천하는 것이다. 고객 감동 경영은 친절 서비스가 뿌리가 되어야 한다. 친절 서비스가 없는 기업 경영은 뿌리 없는 나무, 물 없는 고기, 공기 없는 세상이나 다를 바 없다.

세계화란, 세계 모든 나라가 하나의 공동체로 단일화되어 가는 것이다. 세계화 시대의 중요한 과제는 '어떻게 하면 지구촌 모든 사람과 함께 더불어 살아갈 것인가' 하는 점이다. 선진국의 특징은 질서이고 친절이며 매너와 에티켓이다.

고객과의 진실의 순간 15초!

이 짧은 순간에 고객은 나 한 사람의 모습을 보고 기업 전체의 이미지를 결정한다.
고객과 만나는 진실의 순간에 종업원 각자는 회사의 대표자이며 친절의 1인자,
성장의 모델이 되어야 한다.

특히 서비스는 동시성 · 소멸성 · 무형성이라는 특성을 지니고 있어 진실의 순간에
고객 감동을 못시키면 고객은 말없이 떠나 버리고 잠재 고객까지도 데리고 가버린다.
우리가 낚시를 할 때 고기의 마음에 드는 미끼를 달아야 고기가 물지, 낚시꾼의
마음에 드는 미끼를 단다고 고기가 물리지 않는다.

즉, 순간에 고객을 감동시킬 수 있는 비결이 무엇인가를 발견해야 한다.
친절 서비스의 실제와 격식을 바로 알고 그 혼과 뿌리를 제대로 찾으면
자신감 넘치는 고객 감동 경영을 실천할 수 있으며,
세계 초일류 기업으로 성장할 수 있을 것이라 확신한다.

고객 없는 기업은 빈 깡통이나 다름없다. 고객 감동 시대에서 고객 감격으로,
고객 감탄으로 1초가 다르게 세계는 변하고 있다. 사람은 1초 동안에
두세 발자국밖에 못 걸어가지만 빛은 지구를 일곱 바퀴 반을 돌고 있다는 사실을
깨달아야 한다. 0.01초, 0.01%가 승패를 가늠하는 초정밀 스피드 시대에
우리는 고객 감동을 위해 변하지 않으면 살아남을 수 없다.
환경이 변하고, 상품이 변하고, 사람이 변하고, 서비스도 변하고 있다.
무엇이 변해야 하고 누가 먼저 변해야 하며 언제부터 변해야 하며
어떻게 변해야 할 것인가?
고객을 어제의 사람으로 보지 말고 오늘의 현시점의 사람으로 볼 줄 아는 눈을
갖고 변화의 물결을 타야 한다.
매 순간 새로운 역사를 창조하면서 변화의 물결을 타지 못하면
높은 파도에 치여 영원한 낙오자가 될지도 모른다.
어제로 가는 사람이 되지 말고 내일로 · 세계로 · 미래로 가는 사람이 되어야 한다.
이를 위해서는 고객의 욕구 변화를 통찰하고 친절 서비스의 혁신을 일으켜야 한다.
우리는 왜 친절해야 하는가? 친절하면 고객에게 기쁨 · 희망 · 행복을 줄 수 있고
불친절하면 고객에게 불쾌감과 불편을 주게 되며 결과적으로는 고객을 잃게 되는
것이다. 그러므로 친절은 생존, 불친절은 죄가 된다.
자료에 의하면 고객을 잃는 이유는 사망 1%, 이동 3%, 변화 5%, 경쟁 9%,

제품 14%, 태도 68%라고 한다.

나의 태도는 기업 생존의 열쇠이다.

고객 감동에 관한 각종 전략이 전 세계에서 태풍처럼 몰려오고 있다. 말로 하는
고객 감동이 아닌 실제적인 고객 감동이 중요하다. 지구촌 고객을 감동시켜야
살아남는 이 무한 경쟁 시대에 의식을 혁신하고 이에 걸맞는 서비스 행동의
변화가 연출되어야 한다.

새로운 제도와 시스템의 변혁을 통해 서비스의 진정한 표준화 · 체질화 · 범세계화를
강구하는 것이 고객 감동 경영에 임하는 올바른 방향이며 흐름이다.

우리의 생존의 열쇠를 가지고 있는 고객을 감동시켜 평생 고객으로 확보하기
위해서는 경영자 · 관리자 · 종업원 모두가 하나가 되어 '친절이 최고 경쟁력'이라는
확고한 신념을 가지고 고객 지향 태도를 견지해야 한다.

친절 서비스는 선진국의 척도이며, 21세기인의 인프라이며, 생존과 참 삶의
표현이다. 순간 순간의 고객 감동 비결을 이 책 속에서 발견하여 인간과 기업을
살리고 세계 속의 일등 국민으로서 일류 국가 건설에 이바지하는 계기가 되길
바란다.

저자   김 진 익

제 2 장
순간의
고객 감동

제 4 장
슈퍼이미지메이킹과
성공적인
자기 혁신

제 6 장
글로벌 시대의 매너와 에티켓

부록 3

외식산업
현장 밀착형
친절 서비스

1

고객 감동의 시대, 친절 서비스는
최고 경쟁력

1. 고객 감동을 위한 변화와 혁신

(1) 왜 변해야 하는가

- 환경이 변하기 때문
- 일터가 변하기 때문
- 시장이 변하기 때문
- 사람이 변하기 때문

(2) 세계화는 고객 감동의 실현

(3) 변해야 할 것

- 이기심(인간미, 도덕성 회복)
- 방향(고객 지향적 방향)
- 질(상품, 서비스, 행동의 질)

(4) 변화의 자세

- 스스로
- 진심으로
- 생존 각오로

(5) 변화의 방법

- 적응적 변화
- 조율적 변화
- 전향적 변화
- 혁신적 변화

(6) 변화의 순서

- Who : 나부터 → 위부터 → 다함께
- What : 작은 것부터 → 쉬운 것부터 → 모든 것
- When : 지금부터 → 언제든지 → 끊임없이
- Where : 가까운 곳부터 → 찾아다니며 → 어디에서나
- How : 주도적으로 → 감동적으로 → 슈퍼이미지 창출

변화의 주도자(CHANGE AGENT)가 되자

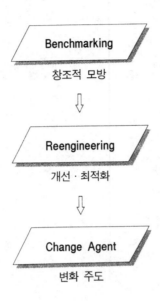

Benchmarking

창조적 모방

⇩

Reengineering

개선 · 최적화

⇩

Change Agent

변화 주도

0.01%, 0.01초가 승패를 가늠하는 초정밀 스피드 시대에
변하지 않으면 살아남을 수 없다!

(4) 변화의 자세

- 스스로
- 진심으로
- 생존 각오로

(5) 변화의 방법

- 적응적 변화
- 조율적 변화
- 전향적 변화
- 혁신적 변화

(6) 변화의 순서

- Who : 나부터 → 위부터 → 다함께
- What : 작은 것부터 → 쉬운 것부터 → 모든 것
- When : 지금부터 → 언제든지 → 끊임없이
- Where : 가까운 곳부터 → 찾아다니며 → 어디에서나
- How : 주도적으로 → 감동적으로 → 슈퍼이미지 창출

변화의 주도자(CHANGE AGENT)가 되자

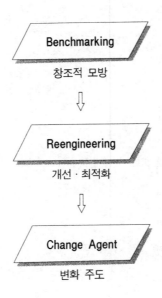

Benchmarking

창조적 모방

⬇

Reengineering

개선 · 최적화

⬇

Change Agent

변화 주도

0.01%, 0.01초가 승패를 가늠하는 초정밀 스피드 시대에
변하지 않으면 살아남을 수 없다!

(4) 변화의 자세

- 스스로
- 진심으로
- 생존 각오로

(5) 변화의 방법

- 적응적 변화
- 조율적 변화
- 전향적 변화
- 혁신적 변화

(6) 변화의 순서

- Who : 나부터 → 위부터 → 다함께
- What : 작은 것부터 → 쉬운 것부터 → 모든 것
- When : 지금부터 → 언제든지 → 끊임없이
- Where : 가까운 곳부터 → 찾아다니며 → 어디에서나
- How : 주도적으로 → 감동적으로 → 슈퍼이미지 창출

변화의 주도자(CHANGE AGENT)가 되자

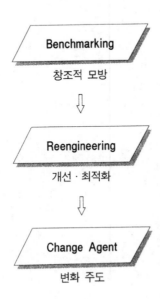

Benchmarking
창조적 모방

⇩

Reengineering
개선 · 최적화

⇩

Change Agent
변화 주도

0.01%, 0.01초가 승패를 가늠하는 초정밀 스피드 시대에
변하지 않으면 살아남을 수 없다!

2. 순간의 고객 감동 전략

(1) 고객 감동이란

BY 고객 감동도 조사(Needs)에 의해

OF 상품, 서비스, 행동의 질을 혁신하여

FOR 내부 고객과 외부 고객, 매개 고객(협력 고객)을 감동시키는 것

고객 만족에서 고객 감동의 시대로	고객 만족(CS : Customer Satisfaction) ⇩ 고객 감동(CE : Customer Emotion)

- **기업체** : CS(Customer Satisfaction) : 고객 만족
- **공직자** : CS(Client Satisfaction) : 민원인 만족

> ### *민원인 만족 행정이란*
> 민원인들의 만족도 조사에 의해 행정, 서비스, 행동의 질을
> 혁신하여 민원인들을 만족시켜 주는 행정

(2) 고객 감동 경영의 3요소

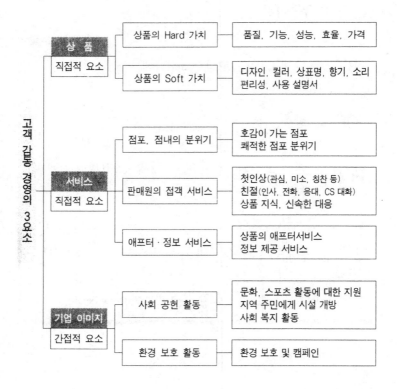

(3) 나의 고객은 누구인가

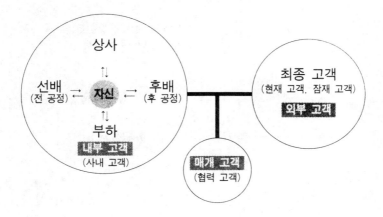

1) 고객의 유형

> • **내부 고객** : **가치 생산 고객**(Employee Satisfaction)
>
> • **외부 고객** : **가치 구매 고객**(Customer Satisfaction)
>
> • **매개 고객** : **가치 전달 고객**(Partner Satisfaction)
>
> .

2) 내부 고객 마인드

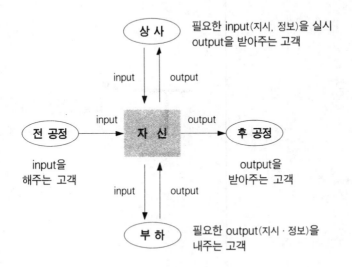

> 내부 고객을 감동시키지 못하고 외부 고객을
> 만족시키려고 하는 것은 마치 나무 위에서
> 고기를 낚으려고 하는 것과 같다.

상사가 나의 고객이라면

- 보고는 신속 · 정확하게 하겠다.
- 상사의 지시를 책임감을 갖고 처리하겠다.
- 부정적 사고, 소극적 자세를 탈피하겠다.

- 매사에 창의적인 업무 처리를 위해 노력하겠다.
- 상사가 정확한 의사 결정을 할 수 있도록 돕겠다.
- 근무 시간과 약속 시간을 철저히 지키겠다.
- 행선지를 명확히 알리겠다.
- 조언과 충고는 겸허히 받아들이겠다.
- 불신과 자만심을 추방하겠다.
- Yes Man이 되지 않겠다.

부하 사원이 나의 고객이라면

- 업무 지시는 명확히, 결재는 신속하게 하겠다.
- 책임과 권한을 부여하고 자질 향상을 위해 노력하겠다.
- 약속을 철저히 이행하겠다.
- 책임을 회피하지 않는 소신 있는 업무 처리를 하겠다.
- 회의는 적게, 짧게 하겠다.
- 퇴근 시간 임박해서 업무 지시를 하지 않겠다.
- 편견이나 고정 관념을 갖지 않겠다.
- 고압적인 언사나 거친 말투를 삼가하겠다.
- 사적인 업무 지시를 하지 않겠다.
- 본인이 없는 곳에서 비방하지 않겠다.

3) 고객 감동 경영의 역피라미드 조직

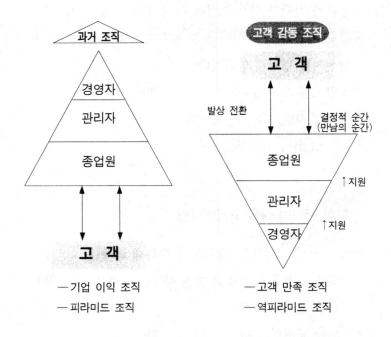

— 기업 이익 조직
— 피라미드 조직

— 고객 만족 조직
— 역피라미드 조직

(4) 고객 감동 지향의 방향

- 원하는 사람에(Who)
- 원하는 것을(What)
- 원하는 때에(When)
- 원하는 장소에서(Where)
- 원하는 방법으로(How)
- 원하는 것 이상으로(How Much)

(5) 외부 고객 개념의 변화

1) 고객은 '봉(鳳)'의 시대
- 수요 > 공급
- 10인 1색

2) 고객은 단순한 '소비자'의 시대
- 수요 = 공급
- 10인 10색

3) 고객은 '왕(王)'의 시대
- 수요 < 공급
- 1인 10색

```
존 에이커(전 IBM 회장) : 고객은 '황제'
데이비드 오길비(美 광고업자) : 고객은 '아내'
토마스 피터스(美 경영학자) : 고객은 '외국인'
일본 : 고객은 신(神)
한국 : 고객은 생산품 결정자

                    - Customer is always right -
```

(6) 고객을 잃는 이유

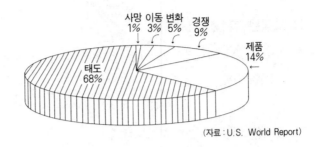

(자료 : U.S. World Report)

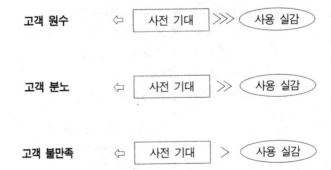

(7) 고객 불만족 · 만족 · 감동의 격차

고객 원수 ⇐ | 사전 기대 | >>> (사용 실감)

고객 분노 ⇐ | 사전 기대 | >> (사용 실감)

고객 불만족 ⇐ | 사전 기대 | > (사용 실감)

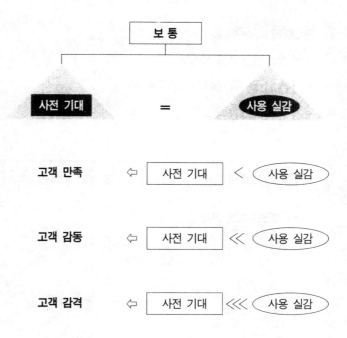

(8) 고객 만족과 불만족이 미치는 영향

1) 만족한 고객
- 계속 구매(단골 손님)
- 좋은 소문 전파(5~6명의 친척에게)
- 경쟁력 강화(기업 생존)

2) 불만족한 고객

- 구매 단절(고객 상실)
- 나쁜 소문 전파(10~16명에게)
- 경쟁력 약화(기업 멸망)

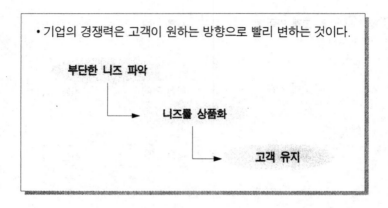

(9) 고객 지향적 마인드

ー고객에 대한 마음가짐 및 태도의 전환ー

1) 마음가짐

- 감사하는 마음
- 봉사하는 마음
- 솔직한 마음
- 겸허한 마음

2) 태도

- 고객의 니즈를 정확히 파악하고 충족시켜 주려는 태도
- 고객에게 진정으로 만족을 주려는 태도
- 고객의 입장에서 이해하고 도와주려는 태도
- 지속적으로 고객에게 유익한 정보를 제공하고 친해지려고 노력하는 태도
- 고객을 존중하고 자존심을 손상시키지 않으려는 태도

(10) 친절은 생존

친절이란?

```
Cynde — Cunde — Kind
(태생)   (종족·혈족) (종류)
```

⇩

동식물은 같은 종자간 잘 어울린다

⇩

모든 사람과 잘 어울린다

⇩

대하는 태도가 매우 정답고 고분고분함

(11) 왜 친절해야 하나

1) 세계 모든 나라가 하나의 공동체로 단일화되어 가는 시대에는 지구촌 모든 사람과 더불어 살아갈 줄 아는 친절이 있어야 한다.

2) 세계화 기업은 고객 감동을 실현하는 것이며 고객 감동은 친절 서비스가 뿌리이다. 친절 서비스 없이 고객을 감동시키려고 하는 것은 물 없는 고기와 같고, 공기 없는 세상과 다를 바 없다.

3) 남과 가까이 사귀고, 모든 사람과 더불어 살아가는데 윤활유 역할을 하는 것이 친절이다.

(12) 친절과 불친절의 결과

1) 친절은 생존, 불친절은 멸망

친 절 → 편안 → 기쁨 → 행복 = 생 존 (희망)

불친절 → 불편 → 불쾌 → 불행 = 멸 망 (죄)

2) 친절한 사람의 특성

- 사고 : 긍정적 사고, 개방적 사고, 인내적 사고
- 행동 : 예의바른 행동, 능동적 봉사 활동, 자율적 행동

3) 불친절한 사람의 특성

- 사고 : 부정적 사고, 폐쇄적 사고, 즉흥적 사고
- 행동 : 무례한 행동, 피동적 이기적 행동, 타율적 행동

(13) 친절의 실제와 격식

1) 친절의 실제(마음)

① 인간미 : 남을 아끼고 사랑하는 마음
② 도덕성 : 양심, 자기를 속이지 않는 마음

2) 친절의 격식(행동)

① 매너 = 훌륭한 태도, 습관

Manus — Manual — Manuarius = Manner

Estiquier — Estiquette = Etiquette

③ 예의 범절 : 더불어 사는 사회에서 약속된 생활 방식

(관행성 사회 계약적 생활 규범)

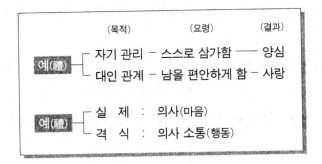

(14) 불친절한 직원은 기업의 맹구(猛狗)

- 불쾌한 환경
- 불친절한 태도
- 불합리한 제도
- 불량한 상품
- 언행 불일치
- 핑계 · 책임 전가
- 불편한 시설
- 나태한 동작
- 불결한 복장
- 굳은 표정
- 컴맹

- 인간미 · 도덕성 상실자
- 외국어 수준 미달
- 고객 만족 함량 미달
- 불만족한 고객

(15) 고객 감동을 위한 새로운 도전

기능중심 조직 → 고객지향 조직

- 고객을 위한 일을 최우선으로
- 고객과의 접점을 가장 중시
- 사내 고객 개념 실천
- 시간 단축을 위한 과정 개선
- 고객 만족도로써 직원 평가

가장 좋은 상품을 가장 싼 가격으로 가장 신속하게

- 귀 : 고객의 소리를 경청한다.
- 머리 : 고객 감동을 위해 창조적으로 생각한다.
- 손 : 고객 서비스 기회를 놓치지 않는다.
- 가슴 : 고객을 위한 혁신의 의지를 갖는다.
- 마음 : 고객에 대한 열정을 갖는다.
- 발 : 고객을 향해 경쟁사보다 한발 앞서 간다.

(16) 고객 감동 '진실의 순간'

1) MOT(Moment Of Truth : 진실의 순간)

- MOT의 의미
  진실의 순간(고객과의 접점 순간)은 고객이 기업의 사원 또는 특정 자원과 접촉하여 그 서비스의 품질에 대한 인식에 영향을 미치는 상황이다.

- MOT의 원래의 뜻
  스페인의 투우 경기에서 소와 투우사가 맞부딪치는 결정적 순간을 Moment of Truth라 한다.

- MOT의 구성
  기업의 고객에 대한 철학과 사원의 고객 마인드의 표현 (Smile + System)

- MOT의 공식
  '100 - 1은 0'으로 고객 감동의 접점을 만들기 위해서는 전원 참여가 필요하다.

2) 고객 접점의 구성 요소

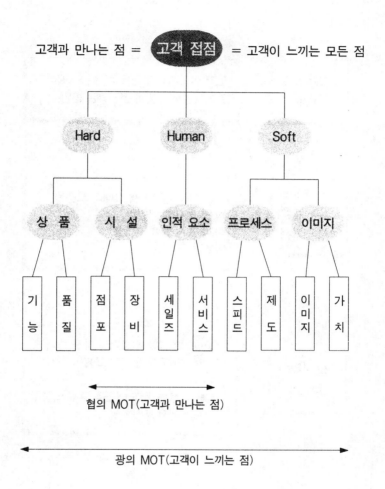

고객과 만나는 점 = **고객 접점** = 고객이 느끼는 모든 점

Hard   Human   Soft

상 품   시 설   인적 요소   프로세스   이미지

기능   품질   점포   장비   세일즈   서비스   스피드   제도   이미지   가치

협의 MOT(고객과 만나는 점)

광의 MOT(고객이 느끼는 점)

3) MOT 조사법

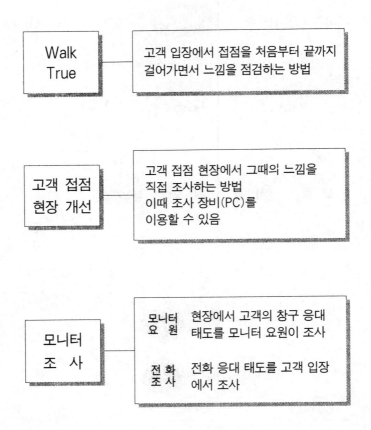

<table>
<tr><td>Walk
True</td><td>고객 입장에서 접점을 처음부터 끝까지
걸어가면서 느낌을 점검하는 방법</td></tr>
</table>

| 고객 접점
현장 개선 | 고객 접점 현장에서 그때의 느낌을
직접 조사하는 방법
이때 조사 장비(PC)를
이용할 수 있음 |

모니터 조 사	모니터 요 원	현장에서 고객의 창구 응대 태도를 모니터 요원이 조사
	전 화 조 사	전화 응대 태도를 고객 입장 에서 조사

4) 새로운 고객 접점 만들기

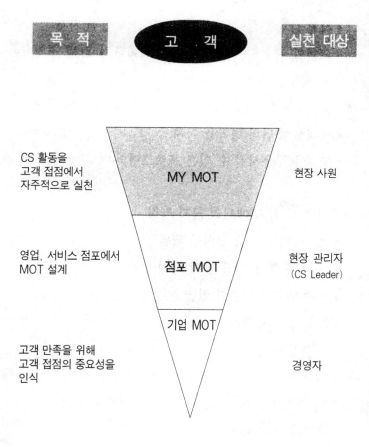

목 적   고   객   실천 대상

CS 활동을
고객 접점에서   MY MOT   현장 사원
자주적으로 실천

영업, 서비스 점포에서
MOT 설계   점포 MOT   현장 관리자
                                        (CS Leader)

                     기업 MOT

고객 만족을 위해
고객 접점의 중요성을   경영자
인식

5) 고객 감동 마인드 촉진

- 고객의 이용(구매) 행위를 '자신의 문제를 해결해 주는 해결책'으로 이해
- 시장 상황 변화에 적극 대처하려는 능동적 자세
- 고객의 관점, 관심사, 니즈를 이해하기 위해 경청하려는 태도
- 고객을 유인할 수 있는 차별화 포인트 발견 및 활용
- 마케팅 개념의 명확한 이해
- 고객을 감동시킬 수 있는 프로그램의 개발 및 활용

6) 고객 접점(창구)에서의 금지 사항

- 복장이나 화장을 고치는 행위
- 서랍, 주머니, 비품 등의 배치 행위
- 화를 내거나 찌푸린 얼굴 표정을 하는 행위
- 큰소리로 말하거나 전화하는 것, 전문어 · 은어 · 속어 등의 언어 행위
- 기지개, 하품, 졸고 있는 행위, 먹거나 마시고 씹는 행위, 담배를 피우는 행위, 이를 쑤시거나 귀를 후비거나 손톱을 깎는 행위
- 꾸부정하게 서거나 걷고 앉는 행위
- 라디오나 녹음기를 듣는 행위, 신문이나 잡지를 보는 행위, 바둑 · 장기 등의 오락 행위

- 고객을 앞에 두고 사적인 전화를 하는 행위
- 외래 행상에게 물건을 사는 행위
- 의자를 소리나게 끄는 행위
- 동료끼리 잡담이나 장난을 하는 행위
- 덥다고 부채질을 하거나 춥다고 양손을 엉덩이 밑에 깔고 앉는 행위
- 점심 시간이라고 자리를 모두 비우는 행위
- 고객이 있는데도 불구하고 상사나 감독 기관·상급자가 왔다고 우르르 몰려가 영접하는 행위
- 주머니에 손을 넣은 채 고객을 맞는 행위
- 창구에 몸을 기대거나 다리를 꼬고 앉는 행위

> 고객과의 접점 지역에 있는 사원 각자는
> 회사의 얼굴이며 대표자이다

3. 고객 감동 서비스 문화 창조

(1) 서비스란

- 라틴어로 'SERVUS', 즉 '노예 상태'라는 말에서 유래
- 하인이 주인을 섬기듯이 정성을 다하는 태도
- 자기를 돌보지 아니하고 남을 위해 애쓰는 마음가짐, 몸가짐

(2) 서비스의 본질

- 고객에게 호감과 기쁨을 주고 고마움을 느끼게 하며 가치 있는 행동으로 고객과 회사와 본인에게 이익을 창출하는 행동

(3) 서비스의 3대 특성

- 동시성
- 소멸성
- 무형성

(4) 서비스 제공 시스템

- Direct 서비스
- Mail 서비스
- Media 서비스
- Image Mood 서비스
- Elite 서비스

(5) 서비스의 패턴

- Communication 서비스
- Convenience 서비스
- Consulting 서비스
- Merit 서비스
- Network 서비스

(6) 서비스의 종류

- 경제적 서비스
- 물질적 서비스
- 환경적 서비스
- 기술적 서비스
- 정신적 서비스

(7) 서비스의 형태

- 시각적 서비스
- 청각적 서비스
- 후각적 서비스

(8) 서비스의 질

1) 기초 품질

- 시간적 신속성
- 기술적 정확성
- 정기적 안정성

2) 상품 품질

- 개별성
- 인간성

3) 기술적 품질

- 기술 능력 품질
- 처리 태도 품질

4) 심리적 품질

- 마음의 품질
- 자세의 품질

(9) ABCD 고객 감동 서비스

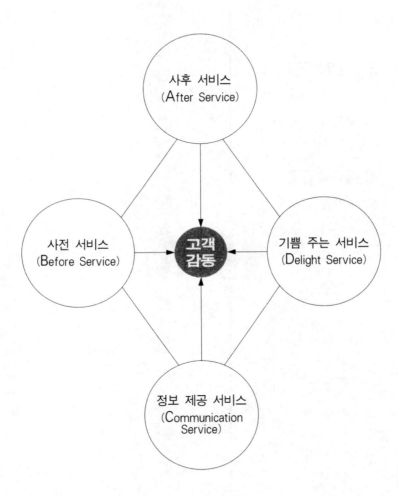

(10) 고객 응대의 5단계

- 1단계 : 환영
- 2단계 : 용건 확인
- 3단계 : 신속 처리
- 4단계 : 성과 확인
- 5단계 : 환송

(11) 고객에게 기쁨을 주는 10개조

- 1조 : 허리 낮춤(겸손)
- 2조 : 상대 높임(존중)
- 3조 : 반말 금지(경어)
- 4조 : 경청
- 5조 : 먼저 인사
- 6조 : 자랑 금지
- 7조 : 친절
- 8조 : 예절
- 9조 : 용모 · 복장 단정
- 10조 : 비방 금지

(12) 고객 응대시 마음가짐 10가지

- 사명감을 가져라.
- 고객의 입장에서 생각하라.
- 원만한 성격을 가져라.
- 항상 긍정적으로 생각하라.
- 고객의 마음에 들도록 하라.
- 공사를 구분하고 공평하게 대하라.
- 투철한 서비스 정신을 가져라.
- 끝까지 참아라.
- 자신을 가져라.
- 부단히 반성하고 개선하라.

말의 중요성

부주의한 말은 싸움의 불씨가 되고 잔인한 말은 삶을 파괴합니다. 쓰디쓴 말은 증오의 씨를 뿌리고 무례한 말은 사랑의 불을 끕니다. 은혜로운 말은 길을 평탄하게 하고 즐거운 말은 하루를 빛나게 합니다. 때에 맞는 말은 긴장을 풀어주고 사랑의 말은 축복을 줍니다. 그리고 정중한 인사와 공손한 말씨는 소중한 첫인상으로 영원히 기억됩니다.

(13) 서비스의 3대 과실

- 무관심
- 교만
- 핑계

(14) 불평 처리의 5원칙

- 사람을 바꿔라.
- 장소를 바꿔라.
- 시간을 가져라.
- 끝까지 경청하라.
- 개선하라.

2

순간의 고객 감동

1. 고객을 감동시키는 용모 · 복장

(1) 용모 · 복장의 중요성

- 첫인상
- 신뢰감
- 직장 분위기 조성
- 일의 성과
- 기분 전환

(2) 용모 · 복장의 3 포인트

- 항상 청결하게
- 화려하지 않도록
- 전체적인 조화를 고려

(3) 복장 착용의 5원칙

- 수치 가림
- 신체 보호
- 남과 어울림
- 아름다움
- 이미지 창조

(4) 새로운 이미지를 창조하는 용모 · 복장

1) 남자 사원의 용모 · 복장
① 머리
- 앞머리나 옆머리가 이마와 귀를 가리지 않도록
- 유행에 민감한 머리 모양은 타인에게 불쾌감을 줄 수도
- 뒷머리가 와이셔츠 깃을 덮지 않도록
- 자주 감아 청결한 상태 유지
② 얼굴
- 상대에게 상쾌한 느낌을 주도록
- 미소 띤 밝은 표정
- 스킨이나 로션 등을 발라 항상 깨끗한 모습
- 식사 후 잇새에 음식물이 끼었는가 확인

③ 양복
- 화려한 원색은 삼가고 청결, 단정하게
- 바지 주름은 늘 한 줄로 세우도록
- 연령, 성별, 계절, 근무 환경에 맞게

양복 색상	어울리는 넥타이
검 정 색	연회색, 쥐색, 미색
옅은 청색	감색, 연녹색, 짙은 회색
청 색	자주색, 감색, 감청색
옅은 밤색	청보라, 밤색, 감색
밤 색	자주색, 황토색, 적색
짙은 밤색	자주색, 쥐색, 짙은 감색
베이지색	자주색, 옅은 청색, 회색
미 색	옅은 밤색, 감청색, 쥐색
아이보리	황토색, 엷은 청색, 밤색
짙은 감색	자주색, 연청색, 감청색
짙은 살색	감색, 미색, 황토색
황 토 색	밤색, 옅은 청색, 청보라
자 주 색	회색, 밤색, 금색
회 색	옅은 자주색, 청록색, 검정색

〈양복 색상에 어울리는 넥타이 고르기〉

④ 와이셔츠

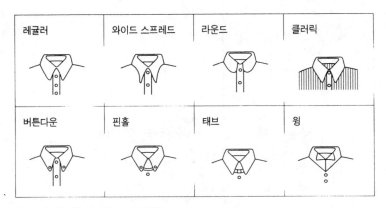

레귤러	와이드 스프레드	라운드	클러릭
버튼다운	핀홀	태브	윙

* 싱글 정장 차림 : 라운드, 클러릭
　더블 정장 차림 : 와이드 스프레드, 태브, 클러릭
　스리피스 정장 차림 : 레귤러, 버튼다운, 핀홀

〈칼라의 종류〉

- 흰 색이 원칙
- 와이셔츠 칼라 뒷부분이 양복 상의보다 1cm 정도 밖
  으로 보이도록
- 와이셔츠 소매는 양복 소매 끝보다 1~1.5cm 정도
  나오도록

⑤ 허리띠
- 검은 색이나 짙은 갈색이 무난
- 구두 소재나 색상과 조화될 수 있는 것
- ·요란한 무늬나 특정 회사의 상표는 품위 손상

⑥ 넥타이

- 길이 : 넥타이 끝이 바지의 벨트 버클을 약간 덮은 정도가 알맞다. 이보다 짧으면 여유가 없어 보이고 길면 느슨한 느낌을 준다. 넥타이 길이를 살필 때는 내려다 보지 말고 거울에 비춰 보아야 정확하다.
- 폭 : 상의의 깃과 폭이 같은 넥타이를 매는 것이 잘 어울린다.
- 매듭과 주름 : 깃이 넓은 넥타이는 매듭 밑에 움푹한 주름을 만들어 악센트를 준다.
- 조끼를 입을 때 : 조끼 밑으로 넥타이가 빠져 나오지 않도록 주의한다. 또 매듭 밑 주름 부분을 손가락으로 살려 주면 넥타이가 더욱 돋보인다.
- 목 언저리까지 꼭 여미도록
- 양복과 조화되는 넥타이 선택
- 자신의 개성과 센스가 돋보일 수 있는 것
- 때, 얼룩, 구김이 없도록

특별히 멋을 내는 사람이 아니더라도 용도, 색상, 패턴, 소재 등으로 5~10장 정도는 마련해 두는 것이 좋다. 신사 양복 한 벌에 넥타이는 적어도 3장이 기본이다.

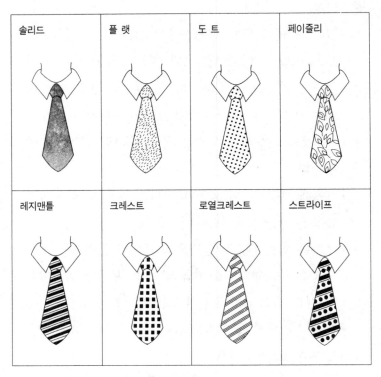

솔리드	플 랫	도 트	페이즐리
레지맨틀	크레스트	로열크레스트	스트라이프

*솔리드 : 단색으로 주로 공식석상 등의 모임
플 랫 : 잔 무늬
도 트 : 물방울 크기에 따라 분위기 연출, 세련된 무늬
페이즐리 : 아메바 무늬
레지맨틀 : 2~3색을 이용한 줄무늬
크레스트 : 클럽 타이라고도 부르며 규칙적인 문양이 들어 있는 것
로열크레스트 : 스트라이프 무늬가 들어가 있는 것
스트라이프 : 일반적으로 가장 많이 맨다.

〈넥타이의 종류〉

⑦ 양말

  • 양복과 잘 어울리는 유사색

  • 넥타이나 손수건 등과 맞춰도 좋음

  • 양복 바지와 조화를 이루도록

  • 흰 양말은 삼가고 목이 긴 것을 신도록

⑧ 구두

  • 매일 닦아 빛이 나도록

  • 정장 차림에 캐주얼화는 삼가

  • 디자인이나 색상, 소재보다는 발에 부담을 주지 않는
    편안함을 먼저 생각

| 로 퍼 | 밍크스트랩 | 플레인토우 |
| 태슬로퍼 | 새들슈즈 | 윙프트 |

＊정장 차림 : 윙프트, 플레인토우, 밍크스트랩
  캐주얼 복장 : 태슬로퍼, 새들슈즈

〈구두의 종류〉

- **머 리**
  흘러내리지 않는
  단정한
  머리 모양

- **면 도**
  정결한 인상을 위해
  아침마다 면도를

- **양복 상의**
  품위 있는 색깔
  기능적인 스타일

- **와이셔츠 소매**
  언제나 깨끗이
  양복 소매 끝에서
  1~1.5cm쯤 나오도록

- **손수건**
  깨끗하고 구김이
  없도록

- **양 말**
  양복과 잘
  어울리는 색
  (흰 색 피함)

- **구 두**
  잘 닦아 윤기 있게
  (검은 색이나 양복과
  어울리는 색상)

- **와이셔츠**
  깨끗한 흰 색이
  원칙(소매와
  깃의 청결상태
  주의)

- **배 지**
  양복 왼쪽 깃에
  바르게 부착

- **명 찰**
  제 위치에

- **넥타이**
  양복과
  잘 어울리는
  색깔로 벨트
  위를 스치는
  정도의 길이로
  단정히 맨다.

- **벨 트**
  검정색 또는
  짙은 갈색

- **손 톱**
  짧고 청결하게

- **양복 하의**
  길이는 구두 위를
  가볍게 닿을 정도

〈세련된 남성의 복장〉

2) 여자 사원의 용모 · 복장

① 머리
  - 윤기 있는 건강한 머리결 유지
  - 화려한 머리 장식이나 모양은 삼가
  - 긴 머리는 묶어서 활동하기 편하게

② 얼굴
  - 미소 띤 밝은 표정
  - 얼굴 전체가 웃는 자연스런 미소
  - 화장은 밝고 깨끗한 느낌이 들도록
  - 입술을 너무 빨갛게 칠해 상대가 거북해 하지 않도록

③ 손톱과 스타킹
  - 손톱은 깨끗한 상태를 유지
  - 스타킹은 피부색과 유사한 색

④ 구두
  - 검은 색이나 갈색이 양호
  - 겉옷과 어울리는 색상

⑤ 향수
  - 병문안이나 행사 때는 신중히 선택
  - 한 가지 향수만을 쓰도록
  - 무릎, 복사뼈, 스커트 단, 귀 뒤, 손목, 목 뒤, 발목에 뿌린다.

- 얼 굴
  밝고 편안한
  미소와
  은은한 화장

- 머 리
  앞머리는
  눈을 가리지
  않게 단정
  하고 윤기
  있는 머리

- 유니폼
  깨끗이 다려서
  단정한 느낌이
  들도록 해서
  착용

- 손
  손톱은
  깨끗하고 단정히

- 스커트
  무릎 선을
  기준으로 너무
  짧지 않게

- 명 찰
  왼쪽 가슴
  주머니 아래
  바르게

- 소 매
  늘 깨끗하게
  걷거나 말아
  올리지
  않도록

- 스타킹
  피부색과
  유사색(올이
  풀어지지
  않도록)

- 구 두
  활동적이고
  유니폼과
  어울리는 것

〈매력적인 여성의 복장〉

3) 유니폼

① 착용시 유의사항

- 소매와 깃은 항상 깨끗하게
- 지퍼와 단추는 잘 채워져 있는가 확인
- 단추 교환시 같은 것을 사용
- 얼룩이나 튿어진 부분, 구김이 없도록
- 해지거나 손상된 유니폼은 바로 수선
- 바지는 줄을 잘 세워서 입도록
- 바지 길이는 구두 등을 가볍게 스칠 정도
- 바지 밑단은 접어 입지 않도록
- 규정된 벨트를 매도록
- 유니폼에 딸려 나온 벨트가 없을 경우 검정색 벨트가 무난
- 양말은 유니폼과 어울리는 어두운 계열의 색상
- 유니폼 위에 사복을 덧입지 않도록

② 부착물과 휴대품

- 명찰
  - 명찰은 규정된 것을 착용
  - 겉옷 왼쪽 가슴 위에 똑바로 부착
  - 명찰은 마크 바로 밑 중앙에 부착

• 휴대품
　－주머니에 너무 많은 물건을 넣지 않도록
　－꼭 필요한 물품만 휴대(필기 도구, 수첩, 손수건 등)

```
┌──────────────── 미  소 ────────────────┐
│                                        │
│   1. 밝고 순수한 미소                   │
│   2. 마음에서 우러나오는 미소           │
│   3. 얼굴 전체가 웃는 자연스러운 미소   │
│   4. 품위 있는 미소                     │
│   5. 돌아서는 뒷모습에도 계속되는 미소  │
│                                        │
└────────────────────────────────────────┘
```

2. 고객 감동 태도

(1) 고객 접점 요원의 5가지 태도(5S)

- Stand up : 일어선다
- See : 상대의 눈을 바라본다
- Smile : 미소를 띤다
- Speed : 민첩하게 행동한다
- Skinship : 상황에 알맞는 스킨쉽을 한다(악수 등)

(2) 고객 감동을 위한 마인드와 동작

- 발로 숨을 쉰다.
- 눈으로 말한다.
- 귀로서 일한다.
- 가슴으로 듣는다.

• 손으로 웃는다.

(3) 고전에서 말하는 몸가짐과 기거 동작

1) 고전(古典)의 구사(九思)

구사(九思)란 '아홉 가지 생각하는 법'으로 〈논어〉에 나오는 글이며 〈소학〉과 〈격몽요결〉에도 소개되어 있다.

① 시사명(視思明) : 눈으로 볼 때는 밝고 바르게 옳게 보아야겠다고 생각한다.

② 청사총(聽思聰) : 귀로 들을 때는 소리의 참뜻을 밝게 들어야겠다는 생각이다.

③ 색사온(色思溫) : 표정을 지을 때는 온화하게 해야겠다고 생각한다.

④ 모사공(貌思恭) : 몸가짐이나 옷차림에는 공손해야겠다고 생각한다.

⑤ 언사충(言思忠) : 말을 할 때는 참되고 정직하게 해야겠다고 생각한다.

⑥ 사사경(事思敬) : 어른을 섬길 때는 공경스럽게 할 것을 생각한다.

⑦ 의사문(疑思問) : 의심 나고 모르는 것이 있으면 아는 이에게 물어서 배우겠다고 생각한다.

⑧ 분사난(忿思難) : 분하고 화나는 일이 있으면 어려운 지

경에 이르지 않게 할 것을 생각한다.

⑨ 견득사의(見得思義) : 자기에게 이로운 것을 보면 그것이 정당한 것인가를 생각한다.

2) 고전(古典)의 구용(九容)

구용이란 '아홉 가지 모습'이라는 뜻으로 〈소학〉과 〈격몽요결〉에 나오는 글이다.

① 족용중(足容重) : 발을 옮겨 걸을 때는 무겁게 한다.

② 수용공(手容恭) : 손은 쓸데없이 움직이지 않으며 일이 없을 때는 두 손을 모아 공손하게 공수한다.

③ 목용단(目容端) : 눈은 단정하고 곱게 떠서 지긋이 정면을 본다.

④ 구용지(口容止) : 입은 조용히 다물어야 한다.

⑤ 성용정(聲容靜) : 말소리는 나직하고 조용하게 해야 한다.

⑥ 두용직(頭容直) : 머리를 곧고 바르게 가져 의젓한 자세를 지킨다.

⑦ 기용숙(氣容肅) : 호흡을 조용히 고르게 하고 안색을 평온히 해서 기상을 엄숙하게 갖는다.

⑧ 입용덕(立容德) : 서 있는 모습은 그윽하고 덕성이 있어야 한다.

⑨ 색용장(色容莊) : 얼굴 표정은 항상 명랑하고 씩씩하게 갖는다.

3. 고객 감동 언어

(1) 고객을 감동시키는 말

- 고운 말
- 표준말
- 이해하기 쉬운 말
- 정성이 담긴 말
- 상황에 알맞는 말

(2) 평생 고객 창조 10대 언어

- 안녕하십니까(안녕하세요).
- 어서 오십시오(반갑습니다).
- 무엇을 도와 드릴까요.
- 감사합니다(고맙습니다).

- 죄송합니다(미안합니다).
- 실례합니다.
- 예, 알겠습니다.
- 잠시만 기다려 주시겠습니까.
- 오랫동안 기다리셨습니다.
- 안녕히 가십시오.

존경어 : 존경하는 윗사람의 동작이나 상태를 표현할 때 사용
겸양어 : 자기를 낮추어 간접적으로 상대방을 존경할 때 사용
정중어 : 상하 관계를 떠나 정중한 응대가 필요할 때 사용

4. 고객 감동 표정

(1) 호감 주는 표정 관리

- 미소는 돈이 들지 않는 가장 비싼 치장이다.
- 표정이 밝으면 음성이 경쾌해지며 응대 태도가 밝아진다.

● 호감 주는 언어 표현의 5가지 요소

① 밝은 눈빛 : 희망의 메시지

② 밝은 표정 : 사랑의 메시지

③ 밝은 음성 : 성공의 메시지

④ 밝은 내용 : 신용의 메시지

⑤ 밝은 마음 : 마음의 문을 여는 메시지

- 평소의 표정은 온화하게 하며 얼굴 전체에 자연스러운 미소를 띠도록 한다.
- 표정은 곧 그 사람의 마음의 메시지를 담고 있다.

(2) 표정 체크의 3포인트

- 밝고 상쾌한 표정인가?
- 얼굴 전체가 웃는 자연스러운 미소인가?
- 돌아서는 등 자세가 바뀔 때에도 계속적으로 웃고 있는가?

(3) 고객 감동 표정 연출

1) 눈썹

- 손가락을 수평으로 눈썹에 닿을까 말까 할 정도로 일자로 대고 눈썹만 상하로 올렸다 내렸다 한다.

2) 눈·눈두덩

① 눈을 감고 마음을 안정
② 눈을 크게 뜨고 우 → 좌 → 위 → 아래로
③ 눈에 힘을 주고
(①~③을 반복)
④ 눈과 눈썹을 올리고
⑤ 미간에 힘을 준다.

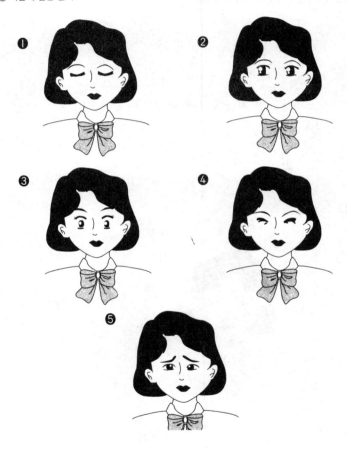

3) 입·뺨

① 입을 크게 연다.
② 입을 다물고 볼을 부풀린다.
③ '②'의 상태로 입을 좌우로
④ 볼을 끌어당긴다.
⑤ 입 주위를 옆으로

4) 턱 · 코

① 턱 부분 : 아래턱을 좌우로 움직인다.
② 코 : 콧등을 위로 끌어올린다.

(4) 자연스러운 스마일 연출

1) 스마일의 중요성
- 상대방 편안
- 호감 받음
- 마음의 즐거움

2) 스마일 3포인트
- 얼굴 전체의 스마일
- 자연스런 스마일
- 뒷모습도 스마일

① "아"의 소리내기 : 큰소리로 "아" 하고 두 번 소리를 낸다.
② "이"의 소리내기 : 큰소리로 "이" 하고 두 번 소리를 낸다.
③ "우"의 소리내기 : 큰소리로 "우" 하고 두 번 소리를 낸다.
④ "에"의 소리내기 : 큰소리로 "에" 하고 두 번 소리를 낸다.
⑤ "오"의 소리내기 : 큰소리로 "오" 하고 두 번 소리를 낸다.

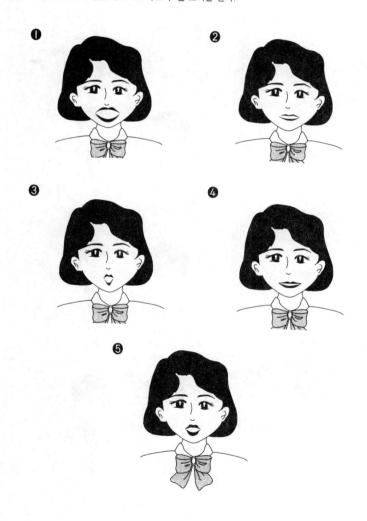

3) 온화한 표정을 만드는 시선

싸우자는 거야?

내 코에 뭐가 묻었나?

뭔가 숨기는 거 같아!

시선! 눈과 눈 사이를
보아주세요!

5. 고객 감동 음성 관리

(1) 음성 관리의 3포인트

- 알맞은 음량과 강약
- 또렷한 목소리
- 적당한 속도

(2) 좋은 목소리

- 쾌활
- 친근감
- 성의
- 관심을 끄는 목소리

(3) 나쁜 목소리

- 억양이 없음
- 기계적
- 냉담
- 마음이 끌리지 않음
- 반발적

(4) 음성 관리

- 입은 최대한 벌려 입가의 근육을 부드럽게
- 큰소리로 아, 이, 우, 에, 오 반복 연습
- 스스로가 아름다운 음성임을 느낄 때까지 훈련

> 밝은 음성은 마음에서 우러나는 서비스를 나타낸다

6. 고객 감동 커뮤니케이션

(1) 사람을 움직이는 설득

1) 설득이란
- 사람들의 동기를 잘 부추겨서
- 그 사람의 생각이나 행동을 이쪽에서 생각하는 목표로 향하게 하기 위한
- 의식적인 시도이다.

2) 설득의 3요소
- 신뢰성(信賴性)
- 정동성(情動性)
- 논리성(論理性)

3) 설득의 일반적 기술

- 개인의 가치 인정
- 설득 목표의 명확화
- 언쟁을 피함
- 생각을 받아들임(하나를 받아주고, 둘을 받아들이게)
- 결정적 순간의 포착
- 정열적으로 대화
- 상대방의 불안 제거
- 합리적이어야 함
- 시간을 효과적으로 활용
- 일면적보다 이면적(二面的) 제시
- 자신의 체험 활용

(2) 성공적인 대화

1) 대화의 5단계

- 1차원적 대화 : 형식적인 대화
- 2차원적 대화 : 사실을 물어보는 대화
- 3차원적 대화 : 자기의 견해가 포함된 대화
- 4차원적 대화 : 감정이 포함된 대화
- 5차원적 대화 : 상대에게 주파수를 맞춘 대화

2) 대화시의 유의점

- 사전 준비
- 표정 분위기
- 감사의 표시
- 기대감
- 듣는 입장
- 감정 통제
- 상대 존중

남을 이롭게 하는 말은 따뜻하기가 햇솜과 같고, 남을 해치는 말은 날카롭기가 가시와 같다. 한 마디의 짧은 말이 귀중하여 천금의 값이 되기도 하고, 한 마디의 말이 남을 해쳐 아프기가 칼로 베는 것과 같기도 하다. 입은 곧 남을 해치는 도끼요, 말은 곧 혀를 베는 칼이니, 입을 다물어 혀를 깊이 간직하면 어느 곳에서나 몸이 편안할 것이다.　　　　　　　　　　－군평－

3) 공감을 일으키는 경청

- 경청이란
  - 책임있게 상대방의 이야기를 듣는 것으로
  - 생각이나 기분을 상대방의 입장에서 이해하고 느끼는 것
- 경청의 3요소
  - 공감적 이해를 위한 노력
  - 수용하는 자세

－성실한 태도
- 공감대를 높이는 경청 기술
  - 적극적 경청
  - 비판, 충고적 태도 버림
  - 의미 전체를 받아들임

(3) 효과적인 커뮤니케이션

1) 커뮤니케이션이란
- 인간 관계를 좋게 유지하는 것을 목표로
- 의사나 정보, 태도를 공유화하는 것을 기대하여
- 말하는 자와 듣는 자가 서로 전달 또는 교환하는 과정

2) 커뮤니케이션의 2가지 기능
- 사람을 움직이게 하는 커뮤니케이션
  (의사 또는 정보 전달)
- 공감을 갖게 하는 커뮤니케이션(상호 이해의 촉진)

피터드러커의 커뮤니케이션의 이해
- 지각이다
- 기대이다
- 요구이다

---

(4) 고객 응대의 기본 화법

상 황	화 법
기다리게 할 때	죄송합니다, 잠시만 기다려 주시겠습니까?
기다리고 난 후	오래 기다리게 해서 죄송합니다.
물어볼 때	죄송합니다만, ~입니까?
용무 처리가 될 때	예, 알겠습니다.
용무 처리가 안 될 때	죄송합니다만…….
부탁이나 의뢰할 때	죄송합니다만, ~해 주시겠습니까?
다시 물어볼 때	한번 더 말씀해 주시겠습니까?
고객의 의견을 물을 때	~이 어떻겠습니까?
담당자를 바꿔 줄 때	담당자를 바꾸어 드리겠습니다. 잠시만 기다려 주시겠습니까?
현금을 받았을 때	~원 받았습니다.
안내를 해줄 때	죄송합니다만, ○번 창구로 가 주시겠습니까?
돈이나 물건을 내줄 때	~원 여기 있습니다, 고맙습니다.
고객이 갈 때	감사합니다, 안녕히 가십시오.

커뮤니케이션의 효과

단어(Word) 표현 : 7%   음성(Voice) 표현 : 38%

신체(Body) 표현 : 55%

-美 알버트 메라비안-

3

고객 감동 행동 예절

1. 호감받는 직장인

(1) 직장인이 갖춰야 할 조건

- 밝고 큰 목소리로 내가 먼저 인사하는 것을 생활화하여 항상 좋은 이미지를 남기도록 노력
- 회사의 모든 사람을 나의 고객이라 생각하고 밝은 표정, 밝은 마음, 밝은 표현으로 친절하게
- 회사를 좋아하고, 자신의 일을 좋아하고, 사람을 사랑하면서, 매사를 지혜롭게 성실히 사명감을 가지고 근무
- 용모는 단정하고 마음가짐은 바르게
- 직원들의 이름을 많이 기억하는 것은 인간 관계의 넓이
- 상사의 지시 사항은 정확히 처리, 결과 보고는 기한 내에 신속히
- 초면이라도 미소 띤 표정으로 상대의 긴장된 마음 해소
- 일은 스스로 찾아서 하고, 자신이 한 일과 행동에 책임

을 지며, 조직에 꼭 필요한 고객 감동형 일꾼이 되도록

> ### '인사'는 '인사 발령(?)'
>
> • 직장 생활에서 인사 잘하는 점수는 승진 인사 발령의 상승 온도계와 같다.
> • 나는 지금 고객을 위해 무엇을 하고 있는지 자아 성찰을 하자.

(2) 면담중의 매너

• 면담중 응접실에 들어갈 때는 노크한 다음 들어가 인사한다.
• 면담중의 연락은 메모로 적어 고객에게 메모 내용이 보이지 않도록 건네 준다.
• 면담중 상사가 들렀을 경우 상사를 고객에게 소개한다.
• 고객을 장시간 기다리게 할 경우 양해를 구한 다음 중간 보고를 한다.

(3) 회의중의 매너

• 정시 참석, 정시 시작, 정시 종료 원칙
• 회의 목적을 명확히
• 참석 대상 소수 정예화

- 회의 자료 사전 배포
- 전원 발언, 상호 의견 존중
- 회의 비용 최소화(시간은 돈)

(4) 술 자리 매너

- 경영 방침이나 특정 인물에 대하여 비판하지 않는다.
- 상사의 험담을 하지 않는다.
- 과음하거나 자신의 지식을 장황하게 늘어놓지 않는다.
- 술 좌석을 자기 자랑이나 평상시 언동의 변명 자리로 만들지 않는다.
- 연장자나 상사에게 술을 받을 때는 두 손으로 받으며, 왼손은 가볍게 술잔에 댄다.
- 술을 따를 때는 술병의 글자가 위로 가게 오른손으로 잡고 왼손을 받쳐 정중한 자세로 따라 권한다.
- 상사와 합석한 술 좌석은 근무의 연장이라 생각하고 예의바른 행동을 보인다.

(5) 담배 매너

- 고객이나 상사가 주머니 이곳저곳을 찾고 있을 때는 여유를 주기 위해 불을 붙여 주는 것은 센스

- 방문객을 맞이하였을 때에도 인사가 끝난 다음 본론에 들어간 후 피우는 것이 예의
- 금연하는 사람이 많으므로 양해를 구한 다음 피우도록
- 고객용 담배를 권유받았을 때는 감사의 말을 한 다음 피우거나 사양
- 두 번째 담배를 피울 때는 다시 양해를 구한 다음 피운다. 줄담배를 피우는 것은 결례
- 담배는 사양해도 예의에 어긋나지 않는다.
- 담뱃재와 꽁초는 반드시 재떨이에 버린다.

반드시 금연해야 할 경우

- 금연이 명시된 공공 장소
- 상대가 식사를 끝내지 않았을 때
- 걷고 있을 때
- 상사가 지시하고 있을 때
- 서류를 설명할 때
- 웃어른이나 고객 앞에서

2. 엘리트 사원의 근무 예절

　회사에서는 사고 방식, 나이, 경험이 서로 다른 사람들이 함께 모여 일을 한다. 따라서 업무 능률의 향상은 인간 관계가 원만한 사람들이 함께 모였을 때만 가능하다. 직장 생활을 유쾌하게 하기 위해서는 타인에 대한 존경심과 늘 감사하는 마음이 필요하다.

(1) 출근 시간

- 근무 시작 10분 전까지는 자리에 앉아 업무 준비 완료
- 서로간의 정겨운 인사로 명랑한 직장 분위기 조성
  (출근시 인사는 자신감과 충성심의 표시)
- 옷차림은 유니폼을 착용

(2) 근무 시간

1) 몸가짐

- 그날의 계획에 따른 업무 내용, 보고 사항, 방문 계획 등 작성
- 일에 관련되지 않은 일이나 사적인 일은 삼가
- 예의 바르고 명랑, 쾌활하게 행동
- 무단으로 자리를 비우는 일은 절대 없도록
- 고객 앞에서 다른 직원과 잡담하지 않도록
- 금연 장소에서는 금연
- 업무 시간에는 머리를 빗는다거나 화장을 고친다거나 손톱을 깎지 않도록
- 자리에 앉을 때는 의자를 바싹 당겨 앉고, 자리를 뜰 경우 의자를 책상 밑으로 밀어 넣도록
- 사사로운 전화를 한다든가 남의 자리에서 잡담하는 일은 없도록
- 슬리퍼를 끌면서 사무실 통행을 하지 않도록
- 말은 되도록 간단 명료하게
- 장난을 치거나 큰소리로 웃고 떠드는 등의 행동은 삼가
- 문을 여닫을 때나 통행할 때 고객에게 방해가 되지 않도록 주의
- 전화 벨이 한 번 울릴 때 왼손으로 들고 오른손으로 메모

- 상사가 고객을 접견하고 있는 옆을 지나갈 때는 고객에게 밝은 표정으로 인사

2) 자리를 비울 경우
- 일에 지장을 초래하지 않도록 일처리를 해둔다.
- 행선지, 용건, 예정 시간을 메모나 전언 등으로 상사, 동료에게 미리 알린다.
- 장기간 비울 경우(교육, 출장 등) 책상 위에 표지판을 사용하고 중간 중간 사무실로 연락
- 외출할 때는 상사의 허가를 받도록 하고 돌아오면 결과 보고

3) 복도나 계단에서
- 좌측 통행
- 복도나 계단에서 긴 이야기는 삼가
- 손님과 상사를 앞질러가지 않도록 주의
- 행선지를 모르는 외부 손님에게는 달려가서 친절히 안내
- 팔짱을 끼거나 손을 주머니에 넣은 채 걷지 않도록
- 껌을 씹거나 담배 피우며 돌아다니지 않도록
- 계단에서는 남자가 먼저 오르고, 여자가 먼저 내려간다.
- 계단에서 여성은 사선 걸음으로 오르내린다.
- 근무 시간 중 인사 교환은 인간미, 도덕성의 표시이며

정신 건강에도 좋다.

4) 휴식 시간
- 규정 시간 엄수
- 휴식 시간 중이라도 사무실에서는 행동에 조심
- 음식을 먹으면서 돌아다니지 않도록
- 사무실에서 졸고 있지 않도록

5) 화장실 사용
- 항상 청결하게 사용
- 잡담을 하거나 큰소리로 떠드는 일은 삼가
- 대화에 조심

(3) 퇴근 시간

- 업무 시간이 끝난 뒤에 정리 정돈
- 오늘 한 일에 대한 점검과 내일 할 일의 메모
- PC 전원은 반드시 끄고 디스켓 보관함, 책상 서랍, 캐
  비닛 등의 잠금 장치를 꼭 확인
- 난방 용품은 완전히 연소
- 상사나 동료, 선배에게 퇴근 인사를 잊지 않도록
  (퇴근시 인사는 성취와 감사의 표시)

3. 바람직한 수명(受命)과 보고

(1) 지시받는 요령

- 호명이 있으면 메모(업무 노트)를 준비하여 상사에게 간다.
- 경청하며 요점을 기록
- 5W 2H(When, Where, Who, What, Why, How, How much)로 생각하며, 모호한 점은 다시 질문
- 최종 복창해서 정확히 확인
- 다른 상급자에게 지시받은 경우 직속 상사에게 내용 보고

1) 의견이 있을 때
- 상대방의 입장을 이해하는 태도로 솔직히, 논리 정연하게
- 사실에 입각해서 있는 그대로를 간결하게
- 근거가 되는 자료 구비
- 다시 상사의 지시를 구한다.

- 시간상, 능력상 무리라고 판단될 때는 상사의 도움을 받도록

2) 지시를 받고 나면
- 상사의 요구사항이 무엇인지를 정확히 파악
- 일의 중요도를 확인해서 순서를 정한다.
- 보고 기한 확인
- 체계적으로 실행
- 진행 상황과 결과 확인

(2) 보고하는 요령

- 지시받은 결과는 자신이 직접 보고
- 보고는 결론부터 말하고 과정은 나중에
- 지시한 사람이 자리에 없을 때는 메모를 남긴다.
- 다른 직원이 알아서는 안 될 보고라면 메모하여 전하는 것이 윗사람에 대한 예의

1) 보고 방법
- 결론 → 내용(이유) → 경과 → 소견
- 간단 명료하게, 요점을 강조하여
- 지시한 이에게 직접 보고

- 사실에 입각한 객관적인 보고
- 적당한 단락을 지어 요점을 알기 쉽게 설명

2) 중간 보고가 필요한 경우
- 업무 소요 시간이 장기화되었을 때
- 업무 지시의 범위를 벗어나게 되었을 때
- 문제가 발생했을 때
- 지시한 방침, 방법으로는 수행이 불가능할 때
- 상황이 변경되었을 때
- 결과나 전망이 예견될 때

3) 문서 보고가 필요한 경우
- 중요한 안건인 경우
- 보고 내용이 복잡한 경우
- 기록으로 남길 필요가 있는 경우
- 관계 부서에 별도로 보고해야 하는 경우

4) 보고 자세
- 상사의 책상에서 조금 떨어진 측면에서 보고
- 책상이 없는 경우에는 더 멀리 떨어진 곳에서 보고
- 가까이 서야 할 경우 양해를 구한 뒤 다가가 보고
- 상사의 권유가 있기 전에는 서서 보고

4. 신뢰받는 업무 지시와 보고받는 요령

(1) 지시하는 요령

1) 업무 지시의 두 가지 초점
- 업무 분할 : 누구에게 시킬 것인가?
- 지시 방법 : 어떻게 전달할 것인가?

2) 업무 분할의 3가지 조건
- 부하의 지식, 기능, 태도, 잠재력, 장래성 파악
- 지식, 기능, 태도, 긴급성, 중요도, 장래성에 따라 분담
- 기타 조직이 놓인 상황, 역할, 상호 관계, 팀워크, 인간 관계, 업무 할당의 형평성에 맞게

3) 좋은 지시와 나쁜 지시
   ① 좋은 지시
      • 업무의 성격, 중요도, 상황, 상대의 특성, 자질, 능력
        에 따른 지시
      • 유용하고 정확한 근거에 의한 지시
      • 도전하려는 의욕을 불러일으키는 지시
      • 비전과 일관성 있는 지시
   ② 나쁜 지시
      • 일관성이 없는 지시
      • 구체적이지 못한 지시
      • 일방적 지시
      • 추상적 지시
      • 책임을 회피하는 지시
      • 자신감이 없는 지시

4) 상황별 지시 요령
   ① 일방적
      • 엄격한 통제가 필요한 경우
      • 긴급한 경우
   ② 부탁
      • 자유 재량의 여지를 주는 경우

③ 유도
  • 의욕을 부여할 때
  • 강한 책임감을 부여하고자 할 때
④ 암시
  • 적극적인 사람에게
  • 능력 있는 사람에게
  • 자진해서 일하는 사람에게
⑤ 자원
  • 무리하게 시킬 수 없는 일
  • 업무 내용의 범위를 넘어선 일
  • 불유쾌하거나 위험한 업무

(2) 보고받는 요령

  • 선입관, 편견, 주관을 버림
  • 경청
  • 의미를 정확히 받아들임
  • 문제점을 파악하며 모호한 점 확인
  • 노고를 위로
  • 실패나 사고 보고는 냉정하게

5. 마음의 문을 여는 인사

(1) 인사의 유래

인사는 원시 시대(미개 시대)에 상대를 해치지 않겠다는 신호(원수가 아니라는 신호)로 손을 위로 들기도 했고(현재의 거수 경례), 손을 앞으로 내밀기도 했고(현재의 악수), 허리를 굽히기도 했다(허리 굽혀 경례). 그러므로 인사는 섬김의 자세, 환영의 표시, 신용의 상징이라고 할 수 있다.

(2) 고객 감동 인사법

1) 자세
- 표정 : 부드럽고 밝게
- 시선 : 믿음과 애정 어린 눈으로 상대를 바라보며
- 고개 : 반듯하게 들고

- 턱 : 자연스럽게 당겨서
- 어깨 : 힘을 빼고 균형 유지와 편안한 자세
- 무릎, 등, 허리 : 자연스럽고 곧게
- 입 : 다소곳이 다문다.
- 손 : 양손은 둥글게 쥐어 바지 옆선에 붙인다(여자는 공수한다).
- 발 : 발꿈치는 서로 붙이고 양발의 각도는 30도 정도로 벌린다.

〈남녀의 30도 인사법〉

2) 인사

- 내가 먼저, 상대를 바라보며, 밝은 표정, 큰 목소리로, 상황에 알맞게, 정성을 담아서
- 등과 목은 반듯하게 세우고 배와 힙은 집어넣는다.
- 허리부터 상체를 숙이며 상대와 상황에 맞는 각도로 허리를 굽히며 인사말을 덧붙인다.
- 남자는 차려 자세로 서서 주먹 안쪽을 바지 옆선에 대고 인사를 한다.
- 여자는 차려 자세에서 공수를 하고 인사를 한다.

인사의 5단계

1단계	바른 자세로 선다

2단계	상체를 1초간 숙인다

3단계	상체를 숙인 채 1초간 멈춘다

4단계	2초간 천천히 허리를 든다

5단계	바른 자세로 선다

(3) 상황에 따른 인사

1) 서 있을 때
- 상체를 허리부터 숙인다(1초간).
- 잠시 멈춘다(1초간).
- 천천히 든다(2초간).

2) 걸을 때
- 상대방과 2~3m 정도의 지점에 이르렀을 때
- 상대를 향해 기본 자세를 갖춘 후 인사
- 상급자인 경우에는 상급자가 지나간 후에 움직이도록

3) 계단에서
- 계단에 발을 딛기 전 간단한 예의를 갖춘다.
- 사선 걸음으로 계단을 통과한 후 상대 앞에서 기본 자세를 갖춘 후 인사

4박자 인사법
하나에 숙이고, 둘에 멈추고, 셋·넷에 천천히 든다.

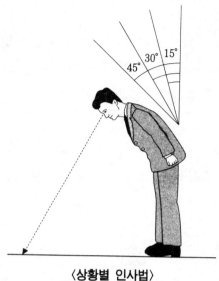

〈상황별 인사법〉

4) 앉아 있을 때

- 허리를 곧게 펴고 바른 자세로 앉아서
- 4박자 인사법 실행(15~30도 인사)

경례(인사)의 종류
배　례(의식 인사) : 90도
큰경례(정중 인사) : 45도
평경례(보통 인사) : 30도
반경례(답례 인사) : 15도

고객 응대 용어와 인사
안녕하십니까 ············ 45도
감사합니다 ··············· 45도
덕분입니다 ··············· 15도
제가 하겠습니다 ········ 15도
죄송합니다 ··············· 45도
그렇습니다 ··············· 15도
안녕히 가십시오 ········ 45도

5) 거수 경례

- 하급자는 상급자보다 먼저 시작하고 늦게 끝낸다.
- 다섯 손가락을 가지런히 붙여 오른쪽 눈썹이나 모자 챙에 닿도록 붙인다.

6) 주목 경례

- 단체 경례시 국기나 대상을 향해 공경하는 마음으로 주목

(4) 악 수

1) 의식 악수(의식 항사시)

- 상급자가 악수를 청하면
- 오른손을 가슴 높이로 하고
- 상급자를 바라보며
- 상급자의 악수에 응한다.

2) 정중 악수(윗사람과는 양손으로 악수)

- 허리를 약간 굽히면서
- 오른손 팔꿈치에 왼손을 가볍게 붙이고
- 정중하게 악수한다.

3) 보통 악수(같은 세대끼리는 한 손으로 악수)

- 오른손으로

- 가슴 높이에서

- 부드럽게 손을 잡고(죽은 고기를 쥐고 있는 기분)

- 상대방의 눈 → 손 → 상대방의 눈을 보며

- 3번 정도 손을 흔든다.

〈악수하는 자세〉

4) 상하간 악수

- 상사가 먼저 청하면

- 하급자는 오른손을 내밀고 왼손은 오른손 팔꿈치에 가
  볍게 붙인 상태로

- 허리를 굽히면서 악수에 응한다.
- 손은 상사가 3번 정도 흔들어 준다.

(5) 명함 교환

1) 명함 건네주기
- 오른손으로
- 가슴 높이에서
- 글자를 가리지 말고
- 상대가 읽어볼 수 있도록
- 상황에 알맞게(상급자에게는 두 손으로)

2) 명함 건네받기
- 오른손으로
- 가슴 높이에서
- 글자를 가리지 말고
- 왼손으로 받쳐 들고
- 명함을 보고 상대를 보며 내용을 확인한다.

3) 동시에 주고받기
- 오른손으로 건네 주고
- 왼손으로 건네 받고

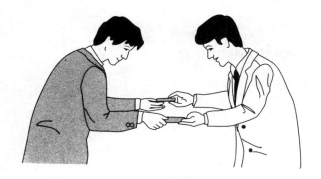

〈명함 주고받을 때〉

- 오른손으로 악수한 후
- 오른손으로 옮겨 쥐고
- 왼손으로 받쳐 들고
- 명함 내용을 확인한다.

6. 우아한 자세와 동작

(1) 걸을 때

1) 실내
- 키보다 3배 앞을 보며
- 밝은 표정으로
- 소리내지 않고
- 사선 걸음으로

2) 실외
- 상대방의 눈보다 15도 위를 보며
- 양손은 바지를 스치고
- 남자는 직선 옆을 밟는 기분으로
- 여자는 일직선 밟는 기분으로

3) 계단
- 사선 걸음으로
- 발끝 발바닥으로 밟으며
- 다소곳하게

4) 상황별
- T.P.O(시간, 장소, 상황)에 알맞게

(2) 앉을 때

1) 기본 자세
- 움직임을 멈춘 상태에서 상체를 곧게 세우고 얼굴은 정면을 바라본다.
- 남성은 다리를 어깨 넓이로 벌리고 앉아 쥔 주먹을 무릎 위에 올려 놓는다.
- 여성은 한쪽 발을 반보 정도 뒤로 가져가 한쪽 스커트 자락을 누르면서 의자를 확인하고 옆모습을 보이며 천천히 앉는다.
- 여성은 무릎과 발끝을 붙이고 손은 공수한 채 무릎 위에 놓는다.
- 의자와 등 사이의 간격은 주먹 하나가 들어갈 정도로 해서 앉는다.

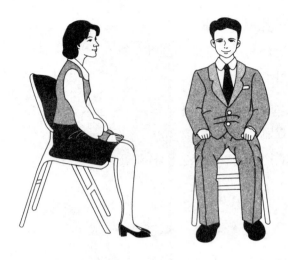

〈의자에 앉을 때 남녀의 자세〉

• 시선은 상대를 바라보며
• 다리를 꼬거나 무릎을 떤다거나 팔짱을 끼는 등의 태도
  는 삼가

2) 의상에 따른 동작
  ① 여성의 정장
    • 엉덩이를 의자 깊숙이 집어넣도록 하고 등을 반듯하
      게 해서 앉는다.
    • 무릎 안쪽을 꼭 붙이고 다리를 가지런히 하고 발끝도
      나란히 붙인다.

- 편히 앉을 경우 다리와 발끝을 붙여 한쪽 옆으로 비스듬히 놓는다.
- 발바닥은 밑바닥에 밀착시키고 발끝은 앞쪽으로 향하도록 한다.
- 두 손은 가지런하게 공수하여 무릎 위에 내려놓는다.

② 여성의 반바지, 미니 스커트
- 기본 자세는 같고 두 손은 공수한 채 치마 끝부분을 눌러 준다.
- 다리를 꼬고 앉을 경우 한쪽 다리를 비스듬히 놓은 다음 다른 한쪽 다리를 얹어 꼬고 두 다리는 붙인다.

③ 바지
- 기본 자세는 같고 다리는 붙인다.
- 남자는 다리를 어깨 넓이 정도로 벌리고 앉으며, 양 손은 양 무릎 위에 각각 주먹을 살짝 쥐어 올려놓는 다(상황에 따라 공수하고 무릎 위에).

(3) 일어설 때

- 여자는 한쪽 발을 반보 정도 앞으로 딛고 일어서면서 양발을 가지런히 모은다.
- 남자는 바로 일어선다.

(4) 방향 전환

- 왼쪽으로 방향 전환할 때는 왼발을 먼저 움직인다.
- 오른쪽으로 방향 전환할 때는 오른발을 먼저 움직인다.
- 뒤로 방향 전환은 우로, 방향 전환을 두 번 반복
- 뒤돌아갈 때는 두세 걸음 뒤로 이동한 후 등이 고객 또는 상급자에게 보이지 않게 돌아서 간다.

(5) 고객 앞을 지날 때

- 가벼운 인사를 하면서 조용히 민첩하게 지나간다.
- 서로 몸이 닿지 않도록 사선 걸음으로 지나간다.

(6) 뒤돌아가는 자세

- 두세 걸음 뒷걸음하면서
- 등이 상급자에게 보이지 않도록
- 연속 동작으로

(7) 물을 주고받을 때

- 두 손으로
- 가슴 높이에서
- 받는 쪽이 편하도록 건넨다.
- 바닥에 앉아 있는 사람에게는 앉아서, 선 사람이나 의 자에 앉아 있는 사람은 서서 전달한다.

7. 성의 있는 고객 응대

(1) 고객 응대의 중요성

직장에서의 고객 접대는 회사를 대표하는 자격으로 친절하고 세련된 매너로 회사의 좋은 이미지를 심도록 노력한다.

고객 요구를 미리 알아서 해결하는 것이 진정한 의미의 '고객 응대'이다.

(2) 감동을 주는 고객 응대

1) 고객 응대의 기본
- 밝은 표정으로 일어서서 인사하고
- 정감어린 눈빛으로 상대를 바라보며
- 밝고 환한 미소를 띠고
- 고객이 기다리지 않게 신속히 업무 처리

2) 고객 소개

- 지위가 높은 사람에게 낮은 사람을, 나이가 많은 사람에게 적은 사람을 소개
- 남성과 여성 사이에서는 남성을 여성에게 먼저 소개
- 자신과 친한 사람을 새로운 사람에게 소개

3) 방향 안내

- 손가락을 모아 손바닥 전체를 펴서 방향 지시
- 손등이 보이거나 손목이 굽지 않도록

〈방향 지시〉

- 팔꿈치의 각도로 거리감을 나타냄
- 시선은 상대의 눈 → 가리키는 방향 → 상대의 눈
- 표정은 밝게
  - 방향 제시가 어려운 곳은 직접 안내를 한다.
- 고객 감동 응대를 위한 5S 자세의 생활화

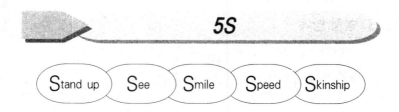

(3) 고객 안내 매너

- 손님이 중앙으로 걸을 수 있도록 배려
- 안내자가 상급자보다 두세 걸음 앞에서
- 수시로 돌아보며 안내
- 수행할 때는 상급자보다 두세 걸음 뒤에서
- 계단을 이용해서 안내할 경우는 안내자가 여성이라도 앞서서 안내

1) 출입문을 통과할 때

- 인기척을 낸다(노크는 1초에 한 번씩 2~3회).

- 문을 열고 닫을 때는 손만을 사용
  (발로 밀거나 몸으로 밀지 말 것)
- 두 손에 물건을 들고 있을 때는 물건을 내려놓은 다음 문을 연다.
- 문턱을 밟고 서거나 밟고 넘지 않도록
- 가능한 한 방 안의 사람에게 자신의 뒷모습을 보이지 않는다.
- 문을 열고 닫을 때는 소리가 나지 않도록 하고 걸을 때 발소리를 내지 않는다.
- 문은 필요 이상 활짝 열지 말고, 열어 놓은 채 일을 보지 않는다.

2) 엘리베이터에서
- 안내하는 사람이 있을 때는 상급자가 먼저 타고 먼저 내린다.
- 안내하는 사람이 없을 때는 하급자가 먼저 타서 엘리베이터를 조작하고, 상급자는 뒤에 타고 먼저 내린다.
- 엘리베이터 안에서는 소란스럽게 잡담을 하거나 상대를 응시하거나 담배를 피우지 않는다.
- 엘리베이터 안에 여성이 타고 있을 경우에 남성은 모자를 벗는다.
- 시선은 층 표지판이나 그 외의 부착물을 향하도록

3) 에스컬레이터에서
- 올라갈 때는 상급자가 먼저, 여성이 먼저
- 내려올 때는 하급자가 먼저, 남성이 먼저

(4) 정성스런 선물 매너

- 거래처에 감사의 뜻을 표시할 때는 너무 비싼 것을 선물하면 마음에 부담을 줄 수도 있으므로 검소하게
- 받은 것을 다시 선물해서는 안 된다.
- 그 자리에서 펴 보는 것이 예의
- 선물을 할 때는 반드시 정성껏 포장을 해서
- 출산한 집이나 환자를 방문할 때는 물건을 4가지(死와 관련)로 가져가지 않는다. 또한 흰 꽃은 가져가지 않는다.
- 호흡기 질환자에게는 꽃을 가져가지 않도록

8. 좌석 배치 순위

(1) 승용차

1) 운전사가 있을 때

① 운전사의 대각선 뒷좌석이 최상석

② 운전사 뒷좌석

③ 뒷좌석의 가운뎃자리

④ 운전사 옆 좌석(경우에 따라 ③과 ④는 바뀔 수 있다)

2) 자가 운전인 경우

• 운전석 옆 자리가 상석

• 운전자의 부인과 동승한 경우 운전석 옆 자리는 부인석

  - 뒷좌석 가운데는 여성을 태우지 않도록(여성은 엉덩
   이를 좌석 시트에 먼저 댄 다음 양 다리를 붙여 승차)

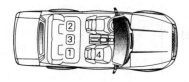

기사 운전시

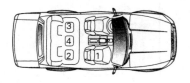

자가 운전시

〈승용차에서의 좌석 배치〉

(2) 비행기

- 비행기는 창가의 자리가 최상석
- 3인용 좌석은 통로쪽이 두 번째, 가운데가 세 번째
- 단체 탑승시 인솔 책임자는 나중에 오르고 제일 먼저 내린다.

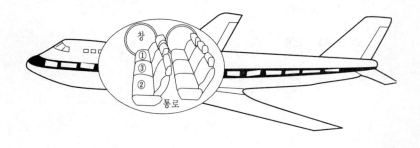

〈비행기의 좌석 배치〉

(3) 열 차

- 진행 방향의 창쪽이 최상석, 그 맞은편이 두 번째, 최상
  석의 옆 좌석이 세 번째, 세 번째 맞은편이 네 번째
- 2층 침대칸인 경우 아래층이 상석

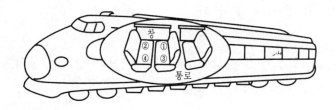

〈열차의 좌석 배치〉

9. 차 접대

(1) 차를 내기 전에

- 잔이나 받침대에 얼룩은 없는가, 깨진 곳은 없는가를
  확인
- 내용물은 잔의 70%만 채운다.
- 찻잔을 놓을 때 소리가 나지 않도록 주의
- 접대할 인원을 정확히 파악

(2) 회의실에 차를 낼 때

- 인원수가 많을 경우 두 사람 이상이 상석을 중심으로
  좌우에 서서 차를 낸다.
- 자리가 좁은 경우 회사 직원에게 협조를 받아 찻잔을
  전달

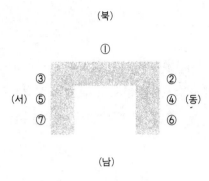

(북)

①

③ ②

(서) ⑤ ④ (동)

⑦ ⑥

(남)

• 탁자에 앉는 경우

〈회의실의 좌석 배치〉

- 사이드 테이블이 없을 때는 테이블 끝에 쟁반을 놓고 차를 대접
- 찻잔은 고객의 테이블 우측 10cm 정도 앞에
- 서류 때문에 찻잔을 놓을 수 없는 경우 차를 마실 사람에게 물어서 지시하는 자리에 놓아 준다.
- 쟁반을 내려놓을 자리가 없을 경우 왼손으로 쟁반을 들고 오른손으로 차를 낸다.
- 고객 또는 상급자에게 먼저 낸 다음 순서에 따라 접대한다.
- 찻잔은 고객이 돌아간 다음에 즉시 치우도록 한다.

(3) 차 마실 때

- 요란한 소리를 내며 마시지 않도록
- 찻잔의 손잡이를 손끝 전체로 쥐고 마신다.
- 상사 앞에서는 몸을 반대쪽으로 약간 돌리며 겸손하게 마신다.

〈차 마실 때〉

10. 호감받는 전화 예절

(1) 전화 응대란

보이지 않는 고객과 통신 매체를 통해 신속 정확한 커뮤니케이션으로 고객의 문제를 해결해 주고 새로운 가치를 창출하는 음성 대화

(2) 전화 응대의 5원칙

전화 응대 5원칙

신속	정확	간단	정중	미소

(3) 전화를 받을 때

- 벨이 울리면 왼손으로 받고 오른손으로 메모할 준비
- 인사말과 함께 소속 부서와 자신의 이름을 밝힌다.
- 상대를 확인
- 용건을 확인(찾는 사람이 없을 때는 용건을 메모)
- 전화 통화 중에 다른 사람과 상의할 일이 생기면 양해를 구하고, 상대방에게 대화가 들리지 않도록 송화기를 막는다.
- 요점을 복창한다.
- 용건에 맞는 인사를 한다.
- 전화는 상대가 먼저 끊으면 잠시 후에 조용히 내려놓도록 한다.

〈전화 받을 때의 자세〉

- 사후에 차질이 없도록 전화한 용건을 정확히 처리한다.

(4) 전화를 걸 때

- 용건을 사전에 상세히 메모한 다음 상대의 전화번호를 확인한다.
- 왼손으로 전화기를 들고 오른손으로 정확히 다이얼을 돌린다.
- 전화를 받으면 자신을 먼저 밝힌다.
- 상대를 확인(상대방이 이름을 밝히지 않았을 때)한 후 지명인을 부탁
- 상대와 연결되면 인사를 나눈다.
- 용건을 말한다.
- 요점을 확인하고 마지막 인사를 한다.
- 상대가 먼저 수화기를 내려놓으면 사이를 두고 조용히 끊는다.
- 통화 내용에 대한 일처리를 한다.

전화는 귀로 보고, 귀로 듣고, 귀로 말하는 것이므로 좋은 태도·밝은 표정·정성을 담은 음성과 언어만으로 고객을 감동시켜야 한다.

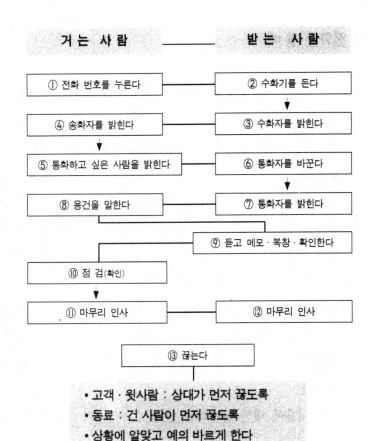

거 는 사 람 ———— 받 는 사 람

① 전화 번호를 누른다 ② 수화기를 든다

④ 송화자를 밝힌다 ③ 수화자를 밝힌다

⑤ 통화하고 싶은 사람을 밝힌다 ⑥ 통화자를 바꾼다

⑧ 용건을 말한다 ⑦ 통화자를 밝힌다

⑨ 듣고 메모 · 복창 · 확인한다

⑩ 점 검(확인)

⑪ 마무리 인사 ⑫ 마무리 인사

⑬ 끊는다

• 고객 · 윗사람 : 상대가 먼저 끊도록
• 동료 : 건 사람이 먼저 끊도록
• 상황에 알맞고 예의 바르게 한다

〈전화 응대 13단계〉

(5) 전화 응대의 기본 화법

상 황	화 법
전화를 받았을 때	감사합니다. ~회사 ~(성명)입니다.
기다리게 할 때	죄송합니다만, 잠시 기다려 주시겠습니까?
기다리고 난 후	오래 기다리게 해서 죄송합니다.
물어볼 때	죄송합니다만, ~입니까?
용무 처리가 되었을 때	예, 알겠습니다.
용무 처리가 안 되었을 때	죄송합니다만, ~
부탁이나 의뢰할 때	죄송합니다만, ~해 주시겠습니까?
다시 물어볼 때	한 번 더 말씀해 주시겠습니까?
담당자를 바꿔 줄 때	담당자를 바꿔 드리겠습니다. 잠시 기다려 주십시오.
찾는 사람이 없을 때	지금 자리에 안 계신데 괜찮으시다면 제가 전해 드리겠습니다.
마침 인사	잘 알겠습니다. 감사합니다. 안녕히 계십시오.

(6) 전화 응대의 10대 강령

① 왼손에 수화기를 들고 오른손으로 메모한다.
② 벨이 울리면 신속히 받는다.
③ 말씨는 부드럽고 친절하게 한다.
④ 상대의 말을 끝까지 경청하며 의중을 정확히 파악한다.
⑤ 성의 있고 책임있게 답변한다.
⑥ 신속, 정확, 간단하게 메시지를 전달한다.
⑦ 바른 자세, 밝은 표정, 밝은 음성으로 통화한다.
⑧ 처음과 끝에는 인사말을 반드시 한다.
⑨ 상대가 먼저 끊은 후 나중에 전화기를 놓는다.
⑩ 전화 기능을 숙지하여 실수하지 않는다.

11. 신뢰받는 대화 매너

(1) 대 화

- 겸양어나 존대어를 적절히 사용
- 의뢰형으로
- 긍정형으로 표현
- 표준어 · 일상 용어 사용
- 내용은 알차고 표현은 부드럽게
- 언행 일치

(2) 화 술

  사원 한 사람 한 사람의 말씨와 태도에 따라 그 회사의 신용
과 이미지가 좌우된다. 고객에게 감동을 주고 효과를 높이기
위해서는 교감을 이룰 수 있는 말하는 기술이 있어야 한다.

- 고객의 호소 내용, 원하는 소리, 감정 등을 성실하게 받아들인다.
- 밝은 표정으로 자신있게 요점을 말한다
  (추측이나 자신 없는 말은 삼가).
- 상대의 눈을 보며 상황에 맞는 적절한 반응을 보인다.
- 설득하거나 교육시키려는 자세는 피한다.
- 상대의 말을 단절시키지 않도록 한다.
- 비언어적 표현에 주의한다.
- 되도록 말은 적게 하고 상대의 말을 적극적으로 경청하는 자세로 대화를 진행한다.
- 자존심을 존중하고 고객의 관심 사항에 초점을 맞춘다.

연설 매너

- T.P.O(시간, 장소, 상황)에 맞는 테마와 내용
- 인사 → 이름 → 테마 → 내용 → 이름 → 인사의 순서로

---

(3) 직장 내에서의 호칭

1) 일반적 호칭

- 상급자 : 성 + 직급 + 님 또는 직책 + 님
  예) ○부장님, 인사 부장님

- 동료 : 이름 + 씨

   예) ○○○씨
- 하급자 : 성 + 직책

   예) ○과장
- 선배 : 이름(성) + 선배님 또는 선생님

   예) ○○○선배님, 선생님

2) 직급이 있는 경우
- 직급이 있는 동료 : 성과 직급을 함께 부른다.
- 직급이 있는 상사 : 직급에 '님'자를 붙여 부른다.
- 같은 직급의 상사가 한자리에 있을 때 : 직책에 성을 붙여 부른다.
- 직급이 없는 아랫사람 : 이름에 '씨'자를 붙여 부른다.
- 나이가 많은 아랫사람 : 성 뒤에 '선생(님)'으로 부른다.
- 남자 사원 : 성 뒤에 '형'자를 붙여 부를 수 있다.

3) 호칭의 예
① '씨'라고 부를 경우
- 동년배나 나이 차가 별로 나지 않을 때
- 나이 차가 많이 날 경우에는 '선생님'이 무난
② '형'이라고 부를 경우
- 나이 차가 나지 않는 범위 안에서 사용

- 다른 사람 앞에서 3인칭으로 쓸 때는 '○○○형께서' 라는 식으로
- 나이 차가 많은 연장자에게는 '선배님' 등으로

③ '나'와 '저'라고 부를 경우
- 나이 차이가 나는 윗사람에게나 공식석상에서는 '저' 로 표현한다.
- 조직체의 장은 훈시나 간부회의 때는 '나'라는 1인칭 사용

④ '께서'라고 부를 경우
- 상급자를 더 높은 상급자 앞에서 3인칭으로 쓸 때 '님' 자를 붙이면 이중의 존칭이 되므로 이 경우에는 '께서'를 붙여 표현한다.

⑤ '선생님'이라 부를 경우
- '선생님'은 존경과 정이 담긴 최상의 존칭이다.
- 누구나 존경할 만한 사람 또는 처음 만나는 사람, 나 이 차가 아주 많은 연장자에게 부른다.
- 동년배나 연하자에게는 '선생'으로 부르는 것이 무난 하다.

⑥ 남자 직원을 부를 경우
- 남자 직원을 부를 때는 '씨'가 바람직하다.
- 직위가 있을 때는 그 직위 앞에 성을 붙여 부르는 것 이 좋다.

⑦ 여자 직원을 부를 경우
- 대부분의 여성들은 '미스'나 '양'보다 '씨'로 불리우기를 원하므로 'ㅇㅇㅇ씨'가 가장 무난한 호칭이다.
- 남자 직원이 선배 여직원을 부를 때는 '선배님'으로 부르는 것이 바람직하다.

⑧ '사모님'이라고 부를 경우
- 사모님이란 호칭은 자기가 직접 배운 선생님의 아내를 부를 때 쓰는 말이다.
- 상급자의 부인 또는 사회적 위치, 경력, 인품으로 스승 자리에 앉을 만한 사람의 아내에게만 쓴다.

대화시 삼가야 할 태도

- 주위를 두리번거리며 불안하게 말한다.
- 고개를 숙이고 기운 없이 말한다.
- 불필요한 동작을 한다.
- 성의 없이 말한다.
- 같은 말을 되풀이한다.
- 표정이 너무 굳어 있다.
- 시선을 엉뚱한 데 집중한다.
- 교만한 태도를 취한다.
- 끝까지 경청하지 않는다.
- 반응을 나타내지 않는다.

4

슈퍼이미지메이킹과
성공적인 자기 혁신

1. 슈퍼이미지메이킹

(1) 이미지(Image)란

- 고대 불어 Image(이마쥐)에서 유래
- 어떤 정보가 다른 정보 매체로 그대로 기억되는 것
- 이름만 들어도 그대로 기억되는 모든 것들

(2) 이미지메이킹의 필요성

- 가까이 사귐
- 오래 더불어 삶
- 고객 감동

(3) 이미지메이킹의 기본

1) 내면적
- 사람을 소중히
- 만남을 소중히
- 칭찬을 소중히
- 자존심을 소중히
- 신뢰를 소중히

2) 외면적
- 단정한 용모 복장
- 호감주는 표정
- 생기 있는 음성
- 감동주는 언어 디자인
- 세련된 매너
※외모, 옷차림, 바디랭귀지

(4) 이미지메이킹의 실제

- 자아 인식
- 수용과 용서
- GLOCAL(Global + Local) 마인드

(5) 이미지메이킹의 격식

- Simple
- Smart
- Specialist

(6) 이미지메이킹의 종류

- 생활
- 비즈니스
- 특수

(7) 이미지메이킹의 3요소

- Hard
- Soft
- Human

(8) 생활 이미지메이킹

- 긍정적인 삶(행복 자신감)
- Smart한 생활(재미있고 매력있게)

• 순간 순간 나의 역사 창조(추억)

(9) 글로벌 이미지메이킹

• 모습 : 밝은 빛 – 긍정적인 색 – 우아한 향기
• 마음 : Give & Give mind(참사랑 마음)
• 행동 : 최우수 주연상을 받을 수 있는 행동

이 **순간** 을 소중히!
지금 함께 있는 **사람** 을 소중히!
함께 있는 사람에게 **최선** 을 다하는 것을 소중히!

2. 직장인의 호감받는 멋내기

(1) 멋진 남성의 미용

1) 남성의 피부
- 피하 지방이 적고 근육질이다.
- 피지선의 발달로 화농되기 쉽고 잔털이 많다.
- 모공이 넓고 거칠다.
- 면도 · 흡연 · 음주 · 불규칙한 생활 습관으로 피부가 악화되어 있다.

2) 남성의 두발
- 피지 분비가 많아 더러워지기 쉽다(비듬, 가려움).
- 머릿결이 여성에 비해 전반적으로 굵다.
- 정신적 스트레스 · 유전 등으로 탈모 현상이 일어난다.

3) 피부 손질의 방법

손 질 단 계		제 품	효 과

세
안
	• 피부를 청결히	• 미용 비누
		• 셰이빙 폼
			• 피부에 자극 없이
			  더러움을 제거
			• 부드러운 거품으로 수염을
			  부드럽게 만든다.

정
리
	• 피부 중화 · 수렴·
	  진정 효과
		• 스킨 로션
		• 애프터셰이브
		  로션
			• 피부결을 다듬고 수렴
			  작용
			• 면도 후 피부를 진정, 완화

영
양
	• 유분 · 수분의
	  균형 유지
		• 모이스처라이
		  징 로션
			• 유분과 수분의 균형을
			  맞춰 피부를 윤택하게
			  해준다.

4) 면도 손질의 방법

구 분	전기 면도(dry shaving)	일반 면도(wet shaving)
특 징	• 비누나 물이 필요없다. • 간편하나 깨끗이 깎이지 않는다.	• 물, 셰이빙 폼을 이용해 면도 • 시간이 걸리지만 깨끗이 깎인다.

방 법	• 수염을 뻣뻣하게 한 다음
	  면도한다.
		• 미온수로 수염을 부드럽게 한 후
		  털의 방향대로 면도한다.

순 서	• 세안 → 면도 → 애프터셰
	  이브 로션 → 영양 화장수
		• 세안(셰이빙 폼) → 면도 → 애프
		  터셰이브 로션 → 영양 화장수

(2) 멋진 여성의 미용

1) 피부와 기초 화장

① 피부 노화의 원인

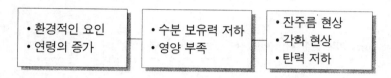

② 기초 화장의 필요성

2) 기초 손질의 5단계

① 1단계 : 세안 → 클린싱 크림 → 미용 비누(클린싱 폼) →
　　　　유연 화장수

② 2단계 : 마사지(마사지 크림)

③ 3단계 : 영양 화장수(모이스처 로션)

④ 4단계 : 수렴 화장수(아스트린젠트)

⑤ 5단계 : 영양 크림

3) 화장품의 사용 순서

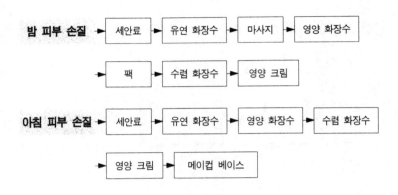

밤 피부 손질 ▸ 세안료 ▸ 유연 화장수 ▸ 마사지 ▸ 영양 화장수
▸ 팩 ▸ 수렴 화장수 ▸ 영양 크림

아침 피부 손질 ▸ 세안료 ▸ 유연 화장수 ▸ 영양 화장수 ▸ 수렴 화장수
▸ 영양 크림 ▸ 메이컵 베이스

4) 단계별 기초 화장 지식

① 1단계(세안, 유연 화장수)

- 클린싱 크림
  - 피부에서 분비되는 피지, 유성 화장의 여분 등 불순물을 제거
- 클린싱 폼
  - 모공 깊숙이 있는 더러움과 오래된 각질을 제거, 보습제 함유로 피부 당김과 건조를 방지
- 유연 화장수
  - 세안 후 불균형해진 피부를 정돈해 준다.
  - 유연제 함유로 각질을 부드럽게 해준다.
  - 비누의 알칼리성을 중화시켜 준다.

- 다음 단계인 마사지의 효과를 높여 준다.

② 2단계(마사지)
- 피부의 혈액 순환과 신진 대사를 원활히
- 피부 생성 세포에 필요한 영양과 산소를 공급
- 신경점 지압으로 피로를 풀어 준다.

③ 3단계(영양 화장수)
- 적절한 유분과 수분을 공급하여 유연하고 촉촉한 피부로 가꾸어 준다.
- 마사지 효과를 지속시켜 준다.

④ 4단계(수렴 화장수)
- 모공을 수축시켜 피부결을 긴장감 있게 가다듬어 준다.
- 땀과 피지 분비를 억제하여 화장이 지워지는 것을 막는다.

⑤ 5단계(영양 크림)
- 피부에 얇은 보호막을 만들어 수분 증발 억제로 촉촉함과 윤기를 준다.
- 세포의 기능을 돕는 성분을 효과적으로 공급한다.

⑥ 팩
  - 외기 차단으로 피부의 수분 증발을 막아 각질층에 수분 보유 능력을 높여 준다.
  - 피부를 긴장시켜 피부결에 탄력을 준다.
  - 팩의 흡착 작용으로 떼어낼 때 모공 속의 더러움도 제거해 피부를 청결히 한다.
  - 피부에 필요한 성분의 흡수를 돕는다.

⑦ 에센스
  - 피부 영양과 보습 효과가 우수한 농축 미용액
  - 손상된 피부의 회복 기능이 우수
  - 피부 거칠음 방지와 주름살 방지로 노화를 지연

⑧ 아이 크림
  - 연약한 눈 주위의 피부 조직을 재생 회복
  - 눈 주위의 잔주름 방지로 노화 지연
  - 피부 이완으로 인한 탄력 상실 방지

5) 두발 손질의 방법

손질 단계	효 과	제 품
브러싱	• 두피의 잔여물 제거 • 혈액 순환 촉진	
샴 푸	• 청결 작용, 두피의 신진 대사	
양모료	• 모발·두피의 영양 공급	• 헤어 토닉 : 두피의 가려움 방 지, 혈행 촉진
정발료	• 모발 정돈, 영양 공급	• 헤어 리퀴드 : 자연스러운 정발 효과를 주는 액상 타입 • 헤어 크림 : 탄력과 부드러움을 주며 자연스러운 정발 효과를 주는 크림 타입 • 헤어 무스 : 자연스럽고 촉촉함 을 주며 형태 고정 • 헤어 글레이즈 : 촉촉함과 윤기 를 줌 • 헤어스타일링 : 젤 타입으로 세 팅 우수, 영양·보습 효과 우수 • 헤어 스프레이 : 고정력·세팅 력 우수
염모제	• 일시 염모제 • 영구 염모제	• 헤어컬러 린스 : 모발 보습·트 리트먼트 효과 • 스케치 헤어컬러 : 암모니아가 없어 불쾌감이 없고 트리트먼 트가 함유된 영구 염모제

(3) 성공하는 사람의 옷 입기

1) 성공적인 직장 생활
- 단정한 복장
- 밝은 표정
- 생기 있는 음성
- 세련된 매너

2) 복장과 이미지
① 의복의 목적
- 신체 보호
- 남과 잘 어울림
- 아름다움

② 나의 메시지 전달
- 복장
- 언어(말투)
- 태도(몸짓)
※ 외양은 나의 이미지

③ 옷 입기의 기본
- 색상

- 옷감
- 무늬
- 유행
- 가격

④ T.P.O에 맞는 옷차림
- 의복 선정
  - 입어 본다.
  - 3면 거울을 본다.
  - 허리 · 소매 불편 없는 것
  - 옷의 흐름이 자연스러운 것
  - 마음에 걸리는 것이 있으면 사지 않도록
- 의복의 색상
  - 검정 : 죽음, 엄숙, 겨울
  - 청색 : 차가움, 침착함, 귀족적
  - 포도주색 : 품위, 교양
  - 베이지 · 낙타색 : 온화, 유연, 융통성
  - 회색 : 무난, 편안
  - 빨강 : 불꽃, 정열, 젊음, 생명력
  - 분홍 : 낭만, 설레임, 연정
  - 녹색 : 숲, 편안, 여유로움
  - 복숭아 · 살구 · 오렌지색 : 친근, 사교적 분위기

- 보라 : 신비함, 고귀함
- 흰 색 : 순수, 순결, 결백
- **체격에 따른 복장**
  - 뚱뚱한 체격 : 구겨지지 않는 천
    - 작은 단추
    - 좁은 수직 무늬
    - 좁은 벨트
    - 작은 무늬의 스카프
    - 부피가 작은 가방
    - 차가운 색(보라, 남색)
    - 원피스
  - 홀쭉한 체격 : 굵은 줄의 가로 무늬
    - 투피스
    - 포근한 색상
    - 원형 가방
    - 날카롭지 않은 액세서리
    - 반짝이는 것은 피함
  - 키 작은 체격 : 단순 · 깨끗한 선
    - 상하 같은 색
    - 작은 가방
    - 세로줄의 가는 무늬
    - 원피스

-키 큰 체격 : 중간 색상

　　　　　　　　투피스

　　　　　　　　벨트

　　　　　　　　굵은 가로 무늬

　　　　　　　　원형 가방

　　　　　　　　날카롭지 않은 액세서리

• 요일에 따른 복장

　-월 · 화(계획, 복잡) : 어두운 정장

　-수 · 목(일 전개, 보고) : 시각적으로 강한 정장

　-금(고객과의 만남) : 위엄 · 친근감 가는 정장

　-토 · 일(가벼운 마음, 개인 약속) : 가볍고 산뜻한 복장

3. 성공적인 자기 혁신 비결

(1) 성공하는 직장인의 자기 혁신 포인트

1) 맞장구치는 5가지 방법

① 타이밍을 맞출 것

② 짧게, 감정을 넣을 것

  ("아! 그래요?" "그래서요?" "저런!" "역시!……")

③ 멈출 때를 알 것

  (열을 올리고 있을 때는 잠시 맞장구를 멈춘다)

④ 지혜롭게 할 것

  (대화를 원하는 방향으로 이끌면서)

⑤ 긍정의 말에만 맞장구를 칠 것

2) 칭찬의 방법 8가지

① 대담 찬사법(대담하게 칭찬)

"선생님! 정말 멋있습니다."

② 단순 찬사법(사실 그대로, 본 대로 느낀 대로)

"목소리가 참 좋습니다."

③ 호칭 변형 찬사법

"박사님!" "사장님!"(실제는 박사나 사장이 아님)

④ 감탄 찬사법

"어쩜!……" "역시!……"

⑤ 반문 찬사법

"아! 그렇습니까? 놀랐습니다."

⑥ 비유 찬사법(유명인이나 좋은 것에 비유하며)

"아주머니의 눈은 마치 '나탈리 우드' 같아요."

⑦ 간접 찬사법(소문이나 남의 이야기를 인용)

"소문이 자자하시더군요."

⑧ 소유물 찬사법(소유물이나 어린아이, 가족 관계)

"아드님이 정말 똑똑하더군요."

3) 서비스 화법의 10대 포인트

① 3의(三意 : 熱意, 誠意, 好意)를 가지고 말할 것

② 항상 부드러운 미소를 띠고 상냥하게 말할 것

③ 목소리의 크기와 말의 속도는 T.P.O에 맞출 것

④ 시선은 상대방에게 둘 것

⑤ 칭찬할 것

⑥ 잘 듣고 맞장구칠 것

⑦ 똑똑한 체하지 말 것

⑧ 고객의 입장을 존중할 것

⑨ 침착하게 말할 것

⑩ 반말을 엄금할 것

4) 남의 말을 잘 듣는 경청의 10원칙

① 침묵, 귀를 기울일 것

② 표정과 동작을 주시할 것

③ 감각을 총동원하여 들을 것

④ 분위기를 깨지 말 것

⑤ 맞장구를 칠 것

⑥ 주의깊게 들을 것

⑦ 중단시키지 말 것

⑧ 흥미를 가질 것

⑨ 상대방의 입장에서 들을 것

⑩ 상대방의 거울이 될 것

5) 감정 관리의 10계

① 시작이 중요하다.

〈오늘도 최선을 다하겠다〉

② '원래 그런 거'라고 생각하라.

〈고객은 원래 저런 거〉

③ '웃긴다'고 생각하라.

〈웃긴다〉, 〈녀석이 불쌍하다〉

④ '좋다, 까짓 것'이라고 생각하라.

〈이왕 해줄 바에는 화끈하게 해주겠다〉

⑤ '그럴 만한 사정이 있겠지'라고 생각하라.

〈그럴 만한 사정이 있어서 저럴 것〉

⑥ '내가 왜, 너 때문에'라고 생각하라.

〈내가 왜 당신 때문에 속을 썩어야 하지?〉

⑦ '시간이 약'임을 확신하라.

〈며칠, 아니 몇 시간만 지나면 별 것 아니라는 사실〉

〈세월이 약〉

⑧ 거꾸로 생각하라.

심적 자극으로부터 탈출하려는 의도적인 노력을 하라.

〈세상 만사는 마음먹기에 달렸다〉

⑨ 즐거웠던 순간을 회상하라.

⑩ 눈을 감고 심호흡을 하라.

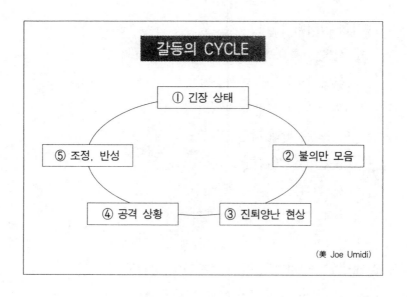

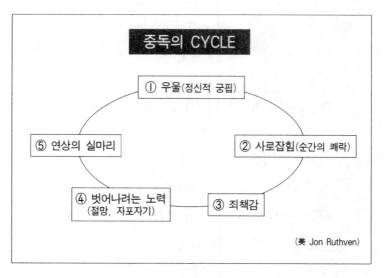

(2) 고객 감동형 인재의 자기 혁신 체크리스트

1) 용모 · 복장에 대한 체크리스트 30가지(남성편)

항 목		내 용	check		
			A	B	C
머 리		① 깨끗이 면도하여 앞머리는 눈을 가리지 않는가?			
		② 잠을 잔 흔적은 없는가?			
		③ 비듬은 없는가, 냄새는 안 나는가?			
얼 굴		④ 수염, 코털이 있는가?			
		⑤ 이는 깨끗하고 입 냄새는 안 나는가?			
		⑥ 눈은 충혈되지 않고 안경은 더럽지 않은가?			
복 장	와이셔츠	⑦ 소매 부분이나 칼라 부분이 더럽지 않은가?			
		⑧ 칼라 부분의 단추가 느슨하지 않은가?			
		⑨ 색상, 무늬는 적당한가?			
		⑩ 다림질은 잘 되어 있는가?			
	넥타이	⑪ 삐뚤어져 있거나 풀어져 있지 않은가?			
		⑫ 때, 얼룩, 구겨짐은 없는가?			
		⑬ 양복과 어울리는가?			
		⑭ 길이는 적당하고 타이핀 위치는 적당한가?			
	상 의	⑮ 너무 화려하지 않은가?			
		⑯ 일어설 때 단추를 잠그는가?			
		⑰ 주머니가 블룩할 정도로 많이 넣지 않았는가?			
	바 지	⑱ 다림질이 잘 되어 있고 무릎이 나와 있지는 않은가?			
		⑲ 벨트가 너무 꽉 조여 있지 않은가?			
손		⑳ 더러워져 있지 않은가?			
		㉑ 손톱이 길지 않은가?			
양 말		㉒ 냄새나지 않은가?			
		㉓ 화려한 색상이나 무늬는 아닌가?			
		㉔ 양말을 안 신고 있지는 않은가?			

항 목	내 용	check		
		A	B	C
구 두	㉕ 잘 닦여져 있는가?			
	㉖ 굽이 닳아져 있지 않은가?			
	㉗ 색상이나 형태는 비즈니스에 적당한가?			
가 방 지 갑 명함지갑	㉘ 형태가 망가져 있지 않은가?			
	㉙ 깨끗이 손질되어 있는가?			
	㉚ 명함은 명함 지갑에 넣어져 있고 매수는 적당한가?			
개선할 사항				

2) 용모 · 복장에 대한 체크리스트 22가지(여성편)

항 목	내 용	check		
		A	B	C
머 리	① 청결하고 손질은 되어 있는가?			
	② 일하기 쉬운 머리형인가?			
	③ 앞머리가 눈을 가리지 않는가?			
	④ 유니폼에 어울리는가?			
	⑤ 머리에 한 액세서리가 너무 눈에 띄지 않는가?			
화 장	⑥ 청결하고 건강한 느낌을 주는가?			
	⑦ 피부 처리 및 부분 화장이 흐트러지지는 않았는가?			
	⑧ 립스틱 색깔은 적당한가?			
복 장	⑨ 구겨지지는 않았는가?			
	⑩ 제복에 얼룩은 없는가?			
	⑪ 다림질은 되어 있는가?(블라우스, 스커트의 주름 등)			
	⑫ 스커트의 단처리가 깔끔한가?			
	⑬ 어깨에 비듬이나 머리카락이 붙어 있지 않은가?			
	⑭ 통근시의 복장은 단정한가?			

항 목	내 용	check		
		A	B	C
손	⑮ 손톱의 길이는 적당한가?(1mm 이내)			
	⑯ 손의 살은 깨끗한가?			
스 타 킹	⑰ 색깔은 적당한가? 늘어진 곳은 없는가?			
	⑱ 예비 스타킹을 가지고 있는가?			
구 두	⑲ 깨끗이 닦여져 있는가?			
	⑳ 모양이 찌그러 있지 않은가?			
	㉑ 뒤축이 벗겨지거나 닳아 있지는 않은가? (구겨 신거나 샌들은 보기 흉함)			
액세서리	㉒ 방해가 되는 액세서리나 눈에 띄는 물건을 착용하지 않았는가?			
개선할 사항				

- 머리부터 발끝까지 조화를 이루고 있는가?
- 직장에서의 용모는 활동적인 아름다움에 있다.
- 거울(전신 거울) 앞에서 다시 한 번 자기 점검을 하자.
- 바느질 세트는 가지고 있는가?
- 손수건은 2장 준비하자.

3) 스마일에 대한 체크리스트 8가지

내 용	check		
	A	B	C
① 당신은 자신의 웃는 얼굴이 맘에 듭니까?			
② 당신의 웃는 얼굴에 대해 남의 칭찬을 받은 적이 있습니까?			
③ 당신은 웃었을 때 자신의 입 모양과 치아에 자신이 있습니까?			
④ 당신의 치아는 하얗고 윤이 나고 있습니까?			
⑤ 웃을 때 입에 손을 대는 버릇이 있습니까?			

내 용	check		
	A	B	C
⑥ 사진 찍을 때 자연스럽게 웃는 얼굴을 취할 수 있습니까?			
⑦ 웃는 얼굴은 건강을 위해 좋다고 생각합니까?			
⑧ 자신의 웃는 얼굴을 바꾸고 싶은 생각이 있습니까?			
개선할 사항			

4) 호감도에 대한 체크테스트 30가지

내 용	check		
	A	B	C
① 인사는 내가 먼저, 상대에 알맞게 하고 있는가?			
② 인사말은 언제나 밝고 큰 목소리로 하는가?			
③ 감사하는 태도와 웃는 얼굴로 인사를 하는가?			
④ 인사말은 타이밍에 맞고 적절한 표현을 쓰는가?			
⑤ 고객에 대한 인사에 이은 다음 말도 준비하는가?			
⑥ 인사는 중요하다는 인식을 갖고 있는가?			
⑦ 청결감을 주는 복장을 염두에 두고 있는가?			
⑧ 머리는 청결히 하고 면도는 깨끗이 하는가?			
⑨ 넥타이는 양복과 잘 어울리는가?			
⑩ 와이셔츠나 블라우스는 깨끗한가?			
⑪ 규정에 따른 복장을 하고 있는가?			
⑫ 구두는 깨끗하고 양말이나 스타킹은 복장과 잘 어울리는가?			
⑬ 상냥한 태도는 늘 잊지 않고 있는가?			
⑭ 고객과 친숙한 대화를 해야겠다는 마음가짐이 있는가?			
⑮ 칭찬이나 위로의 말은 늘 머리 속에 정리되어 있는가?			
⑯ 고객이 지금 무엇을 찾고 있는가에 늘 신경을 쓰는가?			
⑰ 고객의 상황을 파악하려고 늘 애쓰는가?			

내 용	check		
	A	B	C
⑱ 고객을 위한 일을 최우선으로 하고 있는가?			
⑲ 일을 적절한 판단으로 재빠르게 처리하는가?			
⑳ 편지 · 전화 · 전보 등 마음이 통하는 일을 실행하는가?			
㉑ 전화는 정확 · 간단 · 정중하게 통화하는가?			
㉒ 전화 벨이 울리면 신속히 받는가?			
㉓ 전화를 끊을 때는 고객이 먼저 끊은 후 조용히 끊는가?			
㉔ 고객이 곤경에 처했을 때 먼저 말을 붙이는가?			
㉕ 고객과 대화중에 전문 용어를 쓰지 않으려고 신경 쓰는가?			
㉖ 언어의 사용은 적절한가?			
㉗ 좋지 못한 태도나 말투는 없는가?			
㉘ 말한 것은 반드시 실천하고 책임을 지는가?			
㉙ 약속은 반드시 지키는가?			
㉚ 고객 감동 서비스를 실천하겠다고 늘 생각하는가?			
개선할 사항			

5) 이미지에 대한 체크리스트 10가지

내 용	check		
	A	B	C
1. 인사의 자세 및 각도는 어떠한가? A. 세련되고 정중하다. B. 평범하다. C. 서툴고 다소 어색하다.			
2. 얼굴의 표정 및 미소는 어떠한 느낌인가? A. 밝고 자연스럽다. B. 평범하다. C. 어둡고 딱딱한 느낌이다.			

내 용	check		
	A	B	C
3. 머리 스타일은 어떠한가? 　A. 잘 어울리며 단정하다. 　B. 평범하다. 　C. 단정치 못하다.			
4. 착용한 액세서리(반지, 귀걸이, 목걸이 등)의 조화미는? 　A. 아주 잘 어울린다. 　B. 평범하다. 　C. 다소 조화가 부족하다.			
5. 복장의 조화의 정도는? 　A. 아주 잘 어울린다. 　B. 평범하다. 　C. 다소 조화가 부족하다.			
6. 손발의 모습은 어떠한가? 　A. 단정하다. 　B. 위치가 불안하다. 　C. 독특한 버릇이 있다.			
7. 동작의 연결성 및 자세는 어떠한가? 　A. 경쾌하다. 　B. 급하거나 느리다. 　C. 어색하다.			
8. 발표 능력은? 　A. 우수하다. 　B. 보통이다. 　C. 다소 부족하다.			
9. 음성 표현의 느낌은 어떠한가? 　A. 밝고 다정하다. 　B. 유아적이다. 　C. 어둡다.			
10. 매너 · 에티켓의 수준은? 　A. 자신있다. 　B. 보통이다. 　C. 부족하다.			
개선할 사항			

6) 인사에 대한 체크리스트 10가지

내 용	check		
	A	B	C
① 아침에 "안녕하십니까?"라고 가족, 동료에게 밝게 말을 걸고 있습니까?			
② 가정에서 "다녀오겠습니다." "다녀왔습니다." "다녀오십시오." "잘 다녀오셨습니까?"라고 명랑하게 인사하고 있습니까?			
③ 이웃분이나 아는 분을 스쳐 지나갈 때, 미소 지으며 인사하거나 미소 띤 얼굴을 하고 있습니까?			
④ 사람 사이를 지나갈 때 "실례하겠습니다."라고 말하고 있습니까?			
⑤ 엘리베이터에서 내릴 때 다른 사람에게 "먼저 내리겠습니다."라고 말하고 있습니까?			
⑥ 상대방에게 사소한 것이라도 도움을 받았을 때 곧 "감사합니다."라고 말하고 있습니까?			
⑦ 공중전화에서 뒤에 줄 서 있는 사람에게 "오래 기다리셨습니다."라고 말하며 교대합니까?			
⑧ "변명할 여지가 없습니다." "죄송합니다."라고 솔직하게 말할 수 있습니까?			
⑨ 누군가 불렀을 때 상냥하게 "예."하고 대답할 수 있습니까?			
⑩ "잘 먹겠습니다." "잘 먹었습니다."가 습관화되어 있습니까?			
개선할 사항			

7) 전화응대에 대한 체크리스트 24가지

내　용	check		
	A	B	C
전화를 받을 때 ① 벨이 울리면 바로 수화기를 듭니까?			
② 수화기를 들면 소속, 이름을 말합니까?			
③ 전화 연결을 부탁받으면 바로 연결하여 줍니까?			
④ 용건을 전달받으면 복창을 한다든지 확인하고 있습니까?			
⑤ 전언 내용을 확인한 다음 즉시 전달해 줍니까?			
⑥ 부재중의 전화는 전언이 없어도 본인이 돌아왔을 때 보고합니까?			
⑦ 전화를 받은 다음 담당자를 몰라 망설이지 않고 즉시 연결시켜 줍니까?			
⑧ 사람을 찾는다든지 서류를 찾을 때 통화 보류 버턴을 반드시 누르고 있습니까?			
⑨ 조사하는 시간이 걸릴 때 이쪽에서 약속 시간에 다시 전화하고 있습니까?			
⑩ 자기가 잘 알지 못할 때 다른 사람에게 바꾸어 주고 있습니까?			
⑪ 말은 명확하고 확실하게 발음하고 있습니까?			
⑫ 통화가 끝나면 상대가 끊는 것을 기다려 조용히 끊습니까?			
전화를 걸 때 ① 상대의 번호, 소속, 성명을 확인한 다음 전화를 겁니까?			
② 전화로 이야기하고 있는 상대가 바로 눈앞에 있다고 생각하며 말하고 있습니까?			
③ 전화를 걸 때 상대편의 편리한 시간대를 생각하고 있습니까?			
④ 왼손에 전화기를 들고 오른손으로 메모를 합니까?			
⑤ 상대를 확인한 다음 이야기를 하고 있습니까?			
⑥ 회사의 전문 용어나 틀리기 쉬운 단어는 알기 쉽게 설명하고 있습니까?			
⑦ 통화가 길지 않도록 요령 있게 대화하고 있습니까?			
⑧ 전언을 의뢰할 때 내용을 간결하게 하고 자신의 이름을 말하며 상대의 이름을 확인하고 있습니까?			
⑨ 상대의 대답을 확인하면서 대화하고 있습니까?			

	내 용	check		
		A	B	C
전화를 걸 때	⑩ 통화 후 인사를 하며 상대보다 수화기를 늦게 놓고 있습니까?			
	⑪ 전화를 잘못 걸었을 때 정중히 사과하고 있습니까?			
	⑫ 한번으로 용건을 끝낼 수 있도록 신속, 정확, 간단, 정중, 미소의 전화 응대 5원칙을 준수합니까?			
개선할 사항				

8) 커뮤니케이션에 대한 체크리스트 16가지

	내 용	check		
		A	B	C
듣기	① 상대가 얘기를 꺼내기 쉽도록 당신의 분위기가 몸에 배어 있습니까?			
	② 남의 얘기를 들을 때 상대의 눈을 보고 진지한 자세로 듣습니까?			
	③ 남의 얘기를 편견이나 선입관에 사로잡히지 않고 들을 수 있습니까?			
	④ 상대의 얘기를 중간에 끊지 않고, 끝까지 들을 수 있습니까?			
	⑤ 사실과 의견을 바르게 구별해 듣고 있습니까?			
	⑥ 5W 2H를 잘 파악하면서 듣습니까?			
	⑦ 일의 지시를 받았을 때 복창합니까?			
	⑧ 당신과 얘기한 사람이 자신감을 가지고 안심할 수 있게끔 적당히 대답하고 아낌없이 칭찬하며 듣습니까?			
말하기	① "안녕하십니까?", "어서 오십시오." 등의 인사를 항상 스스로 먼저 합니까?			
	② "감사합니다.", "수고하셨습니다."라고 감사와 위로의 말을 진심으로 아낌없이 합니까?			

내 용		check		
		A	B	C
말 하 기	③ 순수하게 "정말 죄송합니다."라고 사과의 말을 할 수 있습니 까?			
	④ 밝게, 친절하게, 즐겁게 얘기합니까?			
	⑤ 경어를 바르게 사용합니까?			
	⑥ 거절할 수 없을 경우, 상대가 상처받지 않도록 말을 정중히 합니까?			
	⑦ 주위 사람의 장점을 발견하면 진심 어린 칭찬을 하고 있습니 까?			
	⑧ 말은 사람의 됨됨이입니다. 항상 스스로의 인간성, 감성을 연마하는 노력을 합니까?			
개선할 사항				

- 등을 펴고 바른 자세로
- 온몸과 5감(感)으로
- 열심히 상대의 이야기를 들으며
- 상대의 입장에서 생각하며
- 아름답고 성실하게 말할 줄 알아야 한다.

5

공중·스포츠 매너

1. 함께 하는 공중 매너

(1) 전시장 · 박람회 관람 매너

- 전시품에 함부로 손을 대서 파손시키는 일이 없도록 주의한다.
- 전시품에 대해 큰소리로 평을 하는 행위는 삼가
- 안내원의 지시에 따라 질서를 지키고 조용히 관람 · 감상
- 줄을 지어 관람할 때는 한곳에 오래 머물러 뒷사람에게 방해를 주지 않도록
- 필요한 경우 사진 촬영은 허가를 얻어서 하도록
- 어린이를 데리고 갈 경우 주위 사람에게 피해를 주지 않도록 유의
- 이리저리 분주하게 뛰어다니지 않는다.
- 음식을 먹으면서 관람하지 않도록

(2) 공연장 매너

1) 강연회 · 음악회 관람 매너
- 프로그램에 흥미를 가지도록
- 강연 내용에 지루함을 느껴 흥미를 가질 수 없더라도 남에게 방해되지 않도록 조용히 있는다.
- 박수는 상황에 알맞게 적당히 치도록

박 수
- 연극, 오페라, 발레는 막이 내린 후에
- 기악은 마지막 악장 후에
- 판소리나 마당놀이는 흥에 겨우면 언제든지 박수를 칠 수 있다.

2) 연극 · 영화 관람 매너
- 무대 상연이 시작되기 전에 도착해서 자리에 앉는다.
- 앉아 있는 사람의 앞을 지날 때는 "실례합니다."라는 말을 잊지 않도록
- 상영 동안 이야기하며 웃거나 계속해서 꼼지락거려서 주위 사람에게 피해를 주지 않도록
- 껌 · 팝콘 등을 소리내어 씹지 않도록

〈연극이나 영화 관람시 옆 사람과 잡담을 해서는 안 된다〉

• 영화 상영 중에 통로로 나오기 위해서 남 앞을 지날 때
  는 몸을 낮게 하여 지나도록
• 연극은 막이 내린 후 퇴장하도록
• 꽃다발 등을 건넬 때는 극이 완전히 끝난 다음에

(3) 거리·교통 매너

1) 거리에서의 매너
• 거리에서 4~5명이 나란히 서서 걷는 것은 다른 사람들
  에게 불편을 준다.
• 복잡한 거리를 지나치게 느리게 걸으면 다른 통행인들
  에게 불편을 준다.

- 거리의 모퉁이를 갑자기 돌거나 걷는 방향을 바꾸지 않도록
- 인도에서 대화를 할 때는 통행에 방해가 되지 않도록 한쪽으로 서서 얘기
- 남녀가 길을 걸을 때는 남성이 차도쪽에 선다.
- 음식을 먹으면서 걷거나 담배를 피우며 걷는 일도 피한다.
- 좌측 통행과 교통 신호를 지키고 길을 건널 때는 육교나 횡단 보도, 지하도를 이용

2) 지하철 · 버스의 승차 매너

- 대중 교통 이용시는 질서와 양보의 미덕을 갖도록
- 지하철이나 버스를 탔을 때 다리를 넓게 벌린 채 많은 공간을 차지하고 앉아 남에게 불편을 주지 않도록
- 노인이나 아기를 안고 탄 부인에게는 자리를 양보
- 탈 때는 여성이 먼저, 내릴 때는 남성이 먼저
- 고속버스 안에서는 안전띠 착용

3) 자가 운전자의 매너

- 교차로에서 차량 정체시는 꼬리물기를 하지 않는다.
- 과로 운전, 졸음 운전, 과속 운전, 음주 운전을 하지 않는다.

- 방어 운전을 생활화
- 담배를 물고 운전대에 앉지 않는다.
- 양보하는 미덕
- 갓길 운행을 하지 않는다.
- 안전 운전을 위해 잡담(동승자가 있는 경우)은 피한다.
- 주 · 정차는 지정된 장소에서만
- 급제동, 급정차, 끼어들기 삼가
- 차선을 지키고 일단 정지선을 지킨다.
- 차는 내부와 외부 모두 깨끗하게
- 운전자 상호간 예의 표시(손을 살며시 들면서)
- 야간 신호등 대기시는 전조등을 끄고 미등만 켠다.

4) 선박의 승선 매너

- 단체 승선시 인솔자는 나중에 타고 하선시 먼저 내린다.
- 질서 있게 승선하여 지정석에 앉도록 하고 일반실의 경우 한쪽에 치우쳐 자리하지 말 것
- 배멀미하는 사람은 미리 약 복용, 위생 봉지 사전에 준비
- 선내의 통로, 비상구, 구명대의 위치 확인 및 사용법을 익혀 비상시에 대비
- 용모 · 복장은 단정히 하고 슬리퍼 차림으로 실외를 통행하지 않는다.
- 선내의 비품은 깨끗이 사용하고 사용 후에는 제자리에

놓는다.

- 식사 시간 준수 및 식사중 금연, 잡담 삼가
- 선내에서의 물건 구입시는 필요 물품만 구입하고 관세
  법 준수
- 흡연시 흡연 장소를 지키고 복도 통행시는 흡연 금지
- 선실의 출입 때는 반드시 문을 잠그고 키는 안내실에
  보관
- 비상시의 행동 요령 숙지
- 선창 출입시 안전에 유의
- 선내 안내 방송에 따라 행동

2. 취미로 즐기는 스포츠 매너

(1) 테니스

1) 경기 시작 전의 매너

- 복장은 가능하면 흰색을 입도록
- 신발 밑창이 우툴두툴한 것은 코트가 상하기 쉬우므로 삼가(테니스화 착용)
- 시합 예정 시간보다 적어도 10~20분 전 경기장에 미리 도착
- 선을 긋고 있을 때는 절대로 타구 등의 연습을 해서는 안 된다.
- 코트에 나오면 소지품 등은 경기하는 데 지장이 없는 곳에 보관
- 경기장에 올 때 미리 라켓, 공, 리스트 밴드, 수건, 스웨터(추리닝) 등을 준비해서 나온다.

- 워밍업은 서로를 위한 것이므로 처음부터 강타를 해서 쓸데없이 공을 잡기 위해 뛰어다니지 않도록
- 정식 시합인 경우 코트에 일단 들어서면 관전하고 있는 사람과 아는 체하거나 말을 건네는 일은 삼가

2) 경기 중의 매너

- 상대방을 경멸하는 언행은 금물
- 상대방의 타구 방향에 대하여 언짢은 얼굴을 하거나 상대방의 에러를 기뻐하지 않는다.
- 자신의 미기(美技), 네트에 닿아서 상대방 코트로 들어간 타구나 에러에 대해서는 겸손한 태도를 보인다.
- 복식 경기인 경우 자기 파트너가 긴장해 있을 때는 격려의 말을 해주는 아량이 필요
- 네트 근처에 떨어진 공은 상대방이 직접 줍게 하지 말고 자신이 먼저 줍도록
- 복식 경기인 경우 자기 파트너에게 공을 줍게 하지 말고 자신이 먼저 주워서 파트너에게 건네주도록
- 공을 절대로 발로 처리해서는 안 된다.
- 공이 코트 밖으로 나갔을 때 공을 주워 달라고 부탁하고, 공을 받을 때에는 고맙다는 인사말과 함께 정중한 태도를

3) 경기 완료 후의 매너

- 승패에 관계없이 경기 완료 후 상대팀과 파트너에게 인사를 나누는 것이 예의
- 복식 경기에서 승리하면 자기 파트너의 도움으로 이길 수 있었고, 지면 내 자신이 실수로 진 것이라는 마음의 자세가 필요
- 경기의 승패는 상대적이기 때문에 핑계와 이유를 공공연히 표현하는 것은 삼가

(2) 볼 링

1) 지켜야 할 매너

- 자신이 선택한 공의 번호나 마크를 기억해 두어 다른 사람의 것과 혼동하지 않도록 주의
- 양해를 받지 않고 남의 공을 사용해서는 안 된다(단, 팀 경기의 경우에는 공동 사용 허용).
- 어프로치에 서게 되면 오른쪽에 다른 투구자가 없는가를 확인하고 몇 초 동안 정신을 집중한다.
- 오른편에서 투구 모션을 취한 경우 양보
- 공을 쥔 자세로 어프로치에 오랫동안 서 있는 것은 주위에 있는 다른 사람들의 투구 타이밍에 영향을 끼치므로 주의

- 공을 던질 때 레인 위에 '쾅'하고 던지는 식의 투구는 '로 프트볼'이라고 하며 레인을 파손시킬 염려가 있다.
- 파울 라인을 밟거나 넘어서서 투구하지 않는다.
- 핀이 완전히 세팅된 후 투구
- 옆 사람에게 방해되지 않도록 경기중인 사람 외에는 앉 아서 기다린다.
- 공이 핀을 치는 순간까지 공에서 눈길을 떼지 않는다.
- 관전자는 스트라이크나 스페어 처리가 되면 자기 레인 이 아니더라도 박수를 보낸다.
- 반드시 볼링화를 신고 경기한다.
- 껌을 씹거나 담배 피우는 행위는 삼가
- 음주 상태에서는 경기 금지

2) 공을 잡는 요령

- 손가락 구멍이 헐겁거나 빡빡하지 않은 공을 고른다.
- 엄지손가락을 넣어 구멍에 손끝이 닿는 것이 좋다.
- 가운뎃손가락, 약손가락의 제2관절까지 두 개의 구멍에 확실하게 넣는다.

3) 용 어

- 하우스 볼(House Ball) : 볼링장에 비치되어 있는 공
- 다임 스토어(Dime Store) : 5번과 10번 핀이 남은 스플릿

- 더치맨(Dutchman) : 스트라이크와 스페어의 연속으로 200점을 올리는 것
- 릴리(Lily) : 5 - 7 - 10 번의 스플릿
- 마더인로(Mother in Law) : 제7번의 핀
- 사우어 애플(Sour Apple) : 핀을 맞추기는 했으나 공을 쓰러뜨리지 못한 위력이 없는 공
- 스팬(Span) : 공의 손가락 구멍에서 엄지와 다른 손가락 사이의 간격을 말한다. 공을 고를 때의 포인트가 됨
- 애버리지(Average) : 게임의 평균점
- 어프로치(Approach) : 보울러가 투구 동작을 하는 조준로
- 오픈 프레임(Open Frame) : 스트라이크나 스페어를 따지 못한 프레임
- 체리(Cherry) : 스페어 처리시 앞과 뒤에 남은 2개의 핀을 겨냥하여 공을 던졌으나 앞의 핀밖에 넘어뜨리지 못했을 경우
- 카운트(Count) : 제1구에서 쓰러뜨린 핀의 수
- 크리스마스 트리(Christmas Tree) : 3개 남아 있는 핀이 크리스마스 트리 모양을 하고 있는 것을 말함. 예를 들어 3 - 7 - 10 번 혹은 2 - 7 - 10 번의 위치
- 킹핀(King Pin) : 맨 앞쪽 한복판에 서 있는 제1번 핀 '헤드핀'이라고도 함

• 터키(Turkey) : 스트라이크를 3회 연속해서 냈을 때(두 번일 경우는 더블)

(3) 골 프

1) 기본 상식

골프는 잘 다듬어진 잔디밭(Green) 위를 맑은 공기 (Oxygen)를 마시며 찬란한 햇빛(Light)을 쪼이며 상쾌하게 발로 걷는(Foot walk) 운동이다.

2) 매너와 에티켓

• 공 및 Tee는 넉넉히 지참할 것
• 사전에 반드시 준비 운동을 해 둘 것
• Tee Off는 순서대로
• 다른 사람의 스윙때는 조용히
• 타구가 날아가는 일직선 방향(앞뒤 선상) 위치에 서 있지 않도록 하고 시야에 안 들어가도록
• 다른 사람이 Tee Shot을 할 때에는 뒤에서 스윙 연습 금지
• 원구 선타 원칙 : 모든 것은 '깃대 중심'
• 담배 꽁초, 휴지 등은 지정된 장소에 버릴 것
• 실수한 타구를 다시 치거나 친 다음에도 계속 연습 행

위는 삼가

- 잘 안 맞는다는 등의 신경질을 내거나 짜증의 표현은 금지
- 전방의 Player가 공이 날아간 곳으로 나갈 때까지는 공을 치지 말 것

3) 코스의 부분별 명칭

- 보통 18홀로 된 골프 코스는 둘로 나뉨(1~8번 홀까지를 아웃코스, 9~18번 홀까지를 인코스)
- 티 그라운드(Tee Ground) : 보통 '티'라고 부르며, 그 홀의 플레이가 시작되는 장소, 즉 공을 제일 먼저 치는 곳
- 페어 웨이(Fare Way) : 티 그라운드에서 그린까지의 사이
- 러프(Rough) : 페어 웨이ㆍ그린ㆍ해저드를 제외한 잡초 지대
- 벙커(Bunker) : 코스 안의 대표적 장애물. 여러 모양으로 지면을 파고 모래를 깔아 둔 곳
- 홀컵(Hole Cup) : 각 홀의 마지막 종점. 그린의 가운데 구멍을 뚫어 금속제의 원통을 묻고 그 중앙에 깃대를 세울 수 있게 했다.
- 핀(Pin) : 홀의 위치를 알리기 위해 기(旗)를 달고, 홀의 중심에 수직으로 세워 둔 표시

- 마운드(Mound) : 페어 웨이나 벙커 언저리 또는 그린 주위에 둥글게 쌓아올린 곳
- 오비(Out of Bounds) : 오비 지역은 코스가 아니라는 뜻으로 흰색 말뚝으로 표시해 놓은 곳

4) 스윙시의 유의 사항

- 그립(골프채의 손잡이)에 힘이 들어가지 않도록
- 백 스윙은 가볍게 올린다.
- 공이 맞아 나갈 때까지 머리가 움직여서는 안 된다.
- 백 스윙할 때 스웨이가 되지 않도록 해야 한다.
- 백 스윙 때와 임팩트 때에 축이 움직이지 않도록 해야 한다.
- 공을 손으로만 쳐서는 안 된다.
- 스윙이 너무 빠르거나 너무 느려도 안 된다.
- 샷을 할 때는 신중히 한다.
- 퍼팅할 때 양손이 움직여서는 안 된다.
- 적당주의로 요행을 바라면 안 된다.

(4) 스 키

- 달리기 시작하면 땀에 젖게 되므로 보온성이 좋고, 통기성이 좋은 스키 웨어를 입도록

- 흰 색 옷에 모자 등은 검정색이 좋으나 초보자는 눈에 잘 띄는 황색, 녹색이 좋다.
- 스키는 경기용이 아닌 중급자용으로 준비
- 겨울산 기후는 변덕스러우므로 타러 나서기 전에 일기 예보를 감안, 무리하지 않도록
- 기록에 집착해서 무턱대고 달리거나 무리하게 점프·프리 스타일을 해 보는 것은 위험한 일

(5) 낚 시

- 혼자 즐기는 스포츠이므로 조용한 분위기에서
- 자리를 잡을 때는 옆 사람과 10m 이상 간격을 두고 앉아야 낚시대를 휘두르는 데 지장이 없다.
- 밤낚시를 할 때는 조명 등을 맞불로 비추거나 수면을 자주 밝히면 고기가 도망간다.
- 남은 떡밥·깻묵가루를 물 속에 버리면 수질 오염의 주요인
- 다른 사람이 낚은 그물을 양해 없이 들춰 보는 것은 결례
- 치어(어린 고기)는 잡은 즉시 방류
- 논두렁을 허물어뜨리거나 농작물에 피해를 주는 일은 금지
- 쓰레기 등의 뒤처리는 깨끗이

(6) 당 구

- 담배를 입에 문 채 경기를 하는 것은 삼가
- 술에 취한 상태에서는 경기를 하지 않도록
- 큰소리로 떠들며 옆의 사람에게 해를 끼치는 행동은 피한다.
- 신발은 단정하게(슬리퍼 등을 신고 경기하지 않는다)
- 껌이나 침을 마루에 뱉는 일은 없도록
- 경기 도중 옆 당구대에서 게임을 하는 사람과 몸이 닿거나 큐를 부딪쳤을 때 먼저 사과
- 내기 당구는 금물

(7) 등 산

- 속옷은 면으로 챙겨 입고, 그 위에 티셔츠와 점퍼 차림에 바지는 부드럽고 질긴 면바지를
- 차양이 있는 모자, 면양말과 목장갑 착용
- 손수건, 휴지, 비상 의약품 등을 준비하고 가방은 등에 메는 것이 좋다.
- 땀을 많이 흘리는 사람은 산행 전에 소금을 먹어 둔다.
- 혼자만의 등산은 피한다.
- 일행과 서로 떨어지지 않도록 일정거리 유지

- 나무를 꺾거나 돌을 아래로 굴려서는 안 된다.
- 음식이나 물을 너무 많이 가지고 오르지 않도록
- 공중도덕을 지킨다.

3. 우리 문화 생활 예절

(1) 공손한 자세, 공수(拱手)

1) 공수란

　어른을 모시거나 의식 행사에 참여할 때 두 손을 마주잡아 공손한 자세를 취하는 것을 말한다. 공수는 어른 앞에서는 공손함을 표하는 수단이면서 모든 절의 시작이기도 하다. 공수법은 남녀가 다르고 평상시와 흉사시가 다르기 때문에 그때그때 상황에 맞는 공수를 해야 한다.

2) 공수하는 법

　공수는 자기 혼자서 하는 것이므로 스스로가 상석이 된다. 따라서 자신의 왼쪽이 동쪽이 되고 오른쪽이 서쪽이 된다. 동쪽은 해 뜨는 곳으로 양(陽), 즉 남자의 위치이고 서쪽은 해 지는 곳으로 음(陰), 즉 여자의 위치가 된다.

① 길사시 공수법

　남자는 왼손이 위로 오른손이 아래로 가도록 공수하고, 여자는 오른손이 위로 왼손이 아래로 가도록 공수한다.

凡男拜 尙左手(범남배 상좌수)
좌(左)는 양(陽)으로서 남자 역시 양이므로
무릇 남자는 배례할 때 왼손을 위로 하고

凡女拜 尙右手(범여배 상우수)
우(右)는 음(陰)으로서 여자 역시 음이므로
무릇 여자는 배례할 때 오른손을 위로 한다.

　　　　　　　　　　　　　　　　　　　－ 예기 －

＊상(尙)은 상(上)과 같음

〈평상시 공수법〉　　　　　　〈흉사시 공수법〉

② 흉사시 공수법

흉사시의 공수는 평상시와 반대로 한다.

흉사의 공수는 사람이 죽어서 약 100일만에 지내는 졸곡제 (卒哭祭) 직전까지 상을 당한 가족이나 영결식장에서 한다. 그러나 졸곡부터의 제례는 길사이므로 평상시 공수를 한다.

(2) 바닥에 앉는 자세

① 웃어른이 앉으라는 말이 있은 후 어른의 정면에 앉지 말고 남자는 어른의 왼쪽 앞, 여자는 어른의 오른쪽 앞에 앉는 것이 원칙이다.

② 앉을 때는 먼저 왼 무릎을 꿇고, 다음에 오른 무릎을 꿇고 앉아 공수한 손을 무릎 위에 놓는다.

③ 앉을 때는 벽이나 가구에 등을 기대거나 손으로 바닥을 짚고 비스듬히 앉지 않고 다리를 뻗고 앉지 않는다.

④ 의복이 앉은 주위에 넓게 펼쳐지지 않도록 정리한다.

⑤ 자세를 바르게 하고 시선은 앉은 키의 2배 정도의 바닥에 둔다.

⑥ 어른보다 편한 자세를 취하거나 어른보다 높은 곳에 위치하지 않는다.

⑦ 방석에 앉을 때는 발바닥으로 방석을 밟지 않도록 하면서 두 손으로 방석을 당겨 무릎 밑에 반듯하게 놓은

다음 방석 위에 앉는다.

- 방석의 중앙에 앉되 발끝이 방석의 뒤편 끝에 걸쳐지게 앉는다.
- 일어설 때는 무릎을 들면서 두 손으로 방석을 제자리에 밀어 놓는다.

⑧ 밖으로 나갈 때는 문을 조용히 열고 닫으며 발소리가 나지 않도록 하면서 방안에 있는 사람에게 뒷모습을 보이지 않으며 문턱(문지방)을 밟지 않는다.

⑨ 두 손에 물건을 들었을 때는 물건을 내려놓고 문을 열고 닫는다.

(3) 물건 다루기

- 물건은 두 손으로 다루는 것이 원칙이다.
- 물건의 위아래가 뒤집히거나 속과 겉이 바뀌지 않도록 한다.
- 식기는 입에 닿는 부분을 손으로 잡지 않도록 한다.
- 손잡이가 있는 것은 상대가 잡기 편하게 준다.
- 신문, 책 등은 상대가 바르게 볼 수 있도록 건넨다.
- 앉은 사람에게는 앉아서 건네고, 서 있는 사람에게는 서서 건넨다.

(4) 조문 예절

1) 조문객의 옷차림
- 남성은 검정색 양복이 원칙이나 감색이나 회색도 무난하다. 와이셔츠는 반드시 흰 색으로 하고 넥타이, 양복 등은 검정색으로 통일한다.
- 여성은 검정색 상의에 검정색 스커트를 입도록 하고, 검정색 구두에 무늬가 없는 검정색 스타킹을 신는다.

2) 조문하는 법(조상 · 문상)
① 호상소
  - 조객록(조상일 경우) 또는 조위록(문상일 경우)에 기록
② 분향
  - 향을 한 번 또는 세 번 사른다(만수향은 한 개 또는 세 개).
③ 신위 예절
  - 입식(영좌) : 90도 경례
  - 좌식(영좌) : 전통 배례로 큰절(남자는 두 번, 여자는 네 번)
  - 흉사시의 공수를 하고 종교와 절할 대상과의 평상시 관례를 고려

〈조문시 헌화〉

④ 상제와 절

　　• 상제가 먼저 경례 또는 절

　　• 손님은 맞절 또는 답배

⑤ 인사말

　　• 입식 장소에서는 서서 손님이 먼저 인사말

　　• 좌식 장소에서는 꿇어앉아 손님이 먼저 인사말

⑥ 부조

　　• 호상소에 가서 부조금품을 전달(부의록)

(5) 일반 경조에 필요한 서식

• 출산 : 祝順産

• 아기의 백일 : 祝百日

- 아기의 돌 : 祝晬宴
- 취학과 진학 : 祝就學, 祝進學
- 졸업 : 祝卒業
- 취직과 승진 : 祝就業, 祝昇進
- 혼인 : 祝婚姻
- 개업 : 祝開業
- 회갑 : 祝壽筵
- 혼인 기념 : 祝婚姻記念
- 정년과 퇴직 : 謹慰勞功
- 화재 · 수재 : 謹慰 · 災難
- 문병 : 祈祝快癒
- 조문 : 賻儀
- 제사 : 奠儀

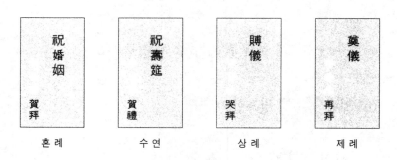

<부조 봉투 서식>

6

글로벌 시대의 매너와 에티켓

1. 세련된 매너와 에티켓

(1) 에티켓이란

- 불어에서 유래되었으며 Savoir Faire란 말과 함께 쓰인다. 이는 '훌륭한 태도' '훌륭한 혈통' '세계에 대한 지식' 등을 말하며 세계화 시대의 기본이다.
- 외국인을 접대할 때는 그 나라에 대한 의전·풍습·에티켓·매너 등을 먼저 알아 두는 것이 상담보다 중요할 때가 많다. 이를 위해서는 그들이 마치 자기 집에서 머무는 것 같이 편안하게 느낄 수 있도록 해주는 이해심과 상대를 헤아리는 마음이 필요하다.
- 서양에서의 에티켓이란 상대를 인정하고 상대에게 폐를 끼치지 않으며 상대를 존중하는 것이다. 또한 남의 나쁜 태도에 대하여는 일체 언급하지 않으며 남을 당황하게 하는 어떠한 일도 하지 않는 것이다.

- 세련된 매너와 에티켓은 지구촌의 일원으로서 함께 더불어 살아가는 우리 생활에 감미로움과 매력을 주며 풍요로운 보상을 안겨 준다.

> 에티켓은 프랑스 베르사유 궁전 화원에 세워진
> '출입금지' 입간판에서 유래되었다.
> ESTIQUIER → ESTIQUETTE → ETIQUETTE

(2) 국제 비즈니스 에티켓

1) 언쟁은 피한다
- 부드러운 대답은 분노를 물리친다.
- 고객이 논쟁을 하려 들면 냉정을 유지하여 잘 들은 다음 부드럽게 질문하도록 한다.
- 합리적인 의논이 논쟁으로 악화되지 않도록 노력한다.
- 정치적, 개인적인 일 또는 가치관에 관여하지 않는다.

2) 고객이 무엇을 생각하고 있는지 예측한다
- 질문을 잘하는 것은 고객 접대뿐 아니라 모든 사업상의 측면에서 볼 때도 귀중한 기술이다.
- 잘 듣는 것도 고객에 대한 관심을 보이는 것이다.
- 사실을 추적하고 숨겨진 진의를 찾아낸다.

- 고객의 모국이나 개인 의견을 비난하는 것은 삼가
- 상대를 가르치려고 하는 것은 금물

3) 자신의 체험을 이용한다
- 일반론을 피한다. 자신의 체험을 예로 들거나 서로 다같이 존경할 만한 제3자를 예로 든다.
- 고객의 질문에 적절히 답변하고 모르는 상황은 다시 물어 확인한다.
- 개인적인 체험은 어떤 논쟁에서도 가장 훌륭한 증언이 된다.

4) 합리적이어야 한다
- 상담때 제2외국어를 사용하게 될 경우 의도보다 강하고 거칠게 표현될 수 있다.
- 타문화권의 사람은 미사여구에 더욱 감동한다. 공손함에는 지나침이 없기 때문이다. 이의를 표현할 때도 되도록 상냥하게 표현한다.
- 대화에는 6가지 질문을 응용하는 것이 좋다
  (누가, 무엇을, 언제, 어디서, 어떻게, 왜).

  - Who : 여행중 누구와 동행합니까?
  - What : 모국의 날씨는 이곳에 비해 어떻습니까?

- When : 언제 떠나십니까?
- Where : 한국의 다른 곳을 방문한 적이 있습니까?
- How : 얼마 동안이나 집을 떠나 계셨습니까? 비행기
  여행은 어땠습니까?
- Why : 이곳에 오신 것은 사업 때문입니까, 아니면 관
  광 때문입니까?

이렇게 질문과 대답을 반복한다. 질문은 고객의 말을 경청하고 있다는 느낌을 주면서 고객이 중심이라는 것을 믿게 해준다.

(3) 사업상 에티켓의 역할

- 에티켓은 우리의 생활을 평화롭고 생산적인 것으로 만드는 역할을 한다.
- 상이한 문화적 요구에 따라야 하는 외국 여행시에는 융통성과 적응력이 필요하다.
- '의전'이란 단어는 '접착제'라는 그리스어에서 유래되었다. 실제로 의전은 우리 사회의 공식적인 생활에 접착제가 되고 있다. 지방, 국가, 국제간의 의전은 조직이나 정부의 공인 간의 행동에 최소한의 마찰과 최대한의 효과를 높이는 필수 요건이 되고 있다.

- 경쟁이 치열한 국제적인 비즈니스에서는 모든 문화권에 대한 적절한 대응과 이해심이 제품의 품질, 가격 못지않게 중요하다.
- 미국 위스콘신 주에 있는 JOHNSON WAX CO.는 고객 접대를 위하여 'The Council House'라는 시설을 갖추고 매년 수백 명의 외국인을 전문적으로 접대하고 있다고 한다.
- 무한 경쟁의 세계화, 개방화 시대에 에티켓의 역할은 비즈니스를 성공시키는 윤활유가 된다.

2. 해외 출장시 에티켓

(1) 공항과 기내에서 알아두어야 할 에티켓

회사를 대표해서 떠나는 해외 출장은 회사에 대한 긍지를 가지고 공중 도덕을 철저히 지켜 예의바른 모습을 보이도록 한다.

1) 빈틈 없는 출장 계획
① 여행 목적에 맞춘 세부 계획서 작성
- 일정표
- 방문처 및 방문 업무 처리 계획
- 호텔 및 교통 이용 계획
- 경비 사용 및 환전 계획
② 여권 발급, 해당국의 비자 신청, 항공권 예약 및 구입 관계 확인

③ 출장 기간 동안 회사 업무 처리에 차질이 없도록 업무 인계와 협조

④ 여행국에 대한 정보 수집(기후, 물가, 풍습, 교통, 금기 사항, 언어 등)

⑤ 협조를 받을 수 있는 현지 연락처 파악(전화 사용 요령 숙지)

⑥ 비상시를 대비한 의약품 준비

⑦ 여행 가방은 탁송용(큰 가방) 1개, 휴대용(기내용) 1개 준비

⑧ 여행국에서 필요한 생활 회화 숙지

⑨ 경험자와 상의하여 모든 일정과 물품에 대한 목록 작성

⑩ 한 나라에 2회 이상 입국시 복수 비자 신청

비 자

- 사용 횟수에 따라 : 단수 비자, 복수 비자
- 체류 기간에 따라 : 임시 비자, 영주 비자
- 여행 목적에 따라 : 통과 비자, 방문 비자, 업무 비자, 학생 비자, 이민 비자 등

---

2) 공항에서

① 여권, 항공권, 외화는 반드시 몸에 지니도록

② 외화 환전은 한도 범위 내에서 업무에 필요한 만큼만

③ 출국 안내 방송을 잘 듣고 행동하도록

④ 출입국 심사는 여권과 비자가 유용한지를 확인하고 국제 범죄 등에 대하여 조회
⑤ 출발 예정 2시간 전에 공항에 도착하여 출국 수속
  • 대한항공, 아시아나항공 : 신청사(한국—2청사)
  • 기타 항공사 : 구청사(한국—1청사)
⑥ 항공사의 체크인
  • 여권, 항공기표, 수화물 지참 후 해당 항공사 카운터에서 수속 의뢰(탁송 수화물 가방에는 술병, 폭발성 물건, 오염 우려 물질 금지)
  • 탑승권(Boarding Pass) 수령 후 국제 공항 이용권을 은행에서 구입
  • 만 30세 미만인 남자는 공항 청사(2층)에 위치한 병무청에 해외 여행 신고
  • 국제 공항 이용권은 출국시 공항 출국장(3층) 입구 직원에게 제출
  • 공항에서 긴급 사항 발생시는 휴대폰 또는 무전기를 소지한 공항 직원에게 협조 요청

3) 출국 수속 절차
  ① 보안 검사(Security Inspection) : 항공기의 안전 운항에 문제가 될 수 있는 물품의 소지 여부 검사
  ② 검역(Quarantine) : 전염병 발생 지역으로 여행하는

경우 시행되나 일반적으로 생략

③ 세관 신고(Customs) : 고가의 외제품(카메라, 시계 등 과세 대상 품목)은 세관원에 사전 신고

④ 출국 사열(Immigration Office)

- 출국 사열대에서는 여권, 항공기 탑승권, 출입국 신고서를 제출
- 출입국 관리소의 사열관은 서류 검토 후 여권에 출국 일자와 공항명이 적힌 스탬프를 찍은 다음 출입국 신고서의 출국 신고서는 회수하고 입국 신고서는 여권, 탑승권과 함께 돌려줌
- 돌려받은 입국 신고서는 귀국시 제출용이므로 여권과 함께 잘 보관한다.
- 출입국 신고서는 절취선 좌우로 한쪽 면을 보관케 하고 있음

⑤ 한국 출입국 신고서 기재 사항

- 성명(한글, 한자)
- 생년월일(주민등록번호)
- 여권 번호
- 항공기명
- 직업
- 주소, 전화번호
- 여행 목적

- 목적지, 출발지
⑥ 탑승 대기
- 출발 수속 후 보세 구역인 탑승 대기실에서 기다림
- 탑승 대기실에는 면세 상점이 있으므로 간단한 쇼핑 가능
- 출발 30분 전에 항공기에 탑승하게 되므로 출국 안내 방송이 나오면 탑승권을 가지고 해당 탑승구(GATE) 에서 질서 있게 탑승

출국 수속

항공권 제시 → 탑승권 받음 → 수화물 계량 → 특정 물품의 세관 신고 → 출국 심사 → 탑승

4) 입국 수속 절차(외국)
① 상대국 입국 심사시에는 출입국 신고서(E/D 카드)와 여권이 필요(필요시 영어 또는 현지 언어로 기록하며 체 류 장소는 호텔명까지 기록)
② 입국 사열
- 여권, 입국 신고서를 입국 심사관에게 제출(술, 담배 등은 기준량을 초과하지 않도록)
③ 탁송 수화물 회수
- 입국 사열대를 통과 후 탑승 항공편 수화물 회수대로

가서 찾음

④ 세관 검사

- 세관 검사대에 가서 여권과 세관 신고서를 제시
- 가방을 열게 하고 검사하므로 사전 준비
- 후진국에서는 과세 물품 유무와 상관없이 '세관 신고서'를 작성하여 제출하나 대부분의 국가에서는 과세 대상 품목이 있을 경우에만 작성

5) 기내에서

가. 안전 점검

① 지정 좌석에서 안전 벨트 착용(표시등 점등시)

② 기내의 화장실 위치를 알아 두고, 사용시에는 안에서 잠금(남녀 구분이 없으며, 잠그지 않으면 비어 있다는 표시등 켜짐)

③ 기내 면세품(주류, 담배 등)은 꼭 필요한 것만 구입

④ 기내에 가져간 가벼운 수하물은 머리 위 선반에 넣고 무거운 것은 발 앞에 놓음(안전을 위해)

⑤ 구명복 착용에 대한 안내 방송 경청

⑥ 기내 좌석에는 1등석(First Class)과 2등석(Economy Class)이 있고, 그 사이에 우대석(Prestige/Executive Class)이 있다.

⑦ 기내에서 음료, 식사, 잡지 등의 서비스를 제공받으면

감사의 인사를 전한다.

⑧ 스튜어디스에게도 에티켓을 지켜야 하며 팁이 없는 것이 세계적 관습이다.

⑨ 기내에서는 기압 변화로 만년필의 잉크가 새어 나오므로 주의한다.

나. 기내에서의 유의사항

① 좌석 배치 순서는 앞에서 뒤로는 번호순, 옆으로는 알파벳순(예 : 1A, 16C 등)

② 좌석 벨트 착용 : 표시등(FASTEN SEAT BELT)

- 착용(TO FASTEN)
- 조임(TO TIGHT)
- 푼다(TO UNFASTEN)

③ 금연 표시등(NO SMOKING)

- 이착륙
- 금연 구역
- 화장실 내(NO SMOKING IN LAVATORY)

④ 수하물 보관(BAGGAGE)

- 가벼운 것은 머리 위 선반(HEAD BIN)
- 무거운 것은 선반에 무리하게 올려 놓지 않도록(안전)
- 무거운 수하물은 '발 앞 의자 밑'

⑤ 충격 방지 자세(EMERGENCY POSITION)
- 안전 벨트 착용 확인
- 여성이나 어린이는 발목을 잡고 구부림
- 남자는 양팔을 X자로 앞 의자에 밀착 자세

⑥ 구명복 착용(LIFE VEST)
- 의자 밑에 보관
- 머리 위로 해서 입고
- 허리 부분의 끈 조임
- 손잡이 아래로 잡아당김
- 팽창이 덜 되었을 때는 빨간 고무관으로 공기를 불어 넣음
- 물속에서는 벨트 앞쪽 노란 끈을 당기면 비상등 켜짐

⑦ 화장실(LAVATORY)
- 비어 있음(VACANT)
- 화장실 내 금연(NO SMOKING IN LAVATORY)

⑧ 용무가 있으면 스튜어디스에게 문의

(2) 외국인과 만났을 때

1) 세계인과의 사교 매너

가. 상담시의 기본 매너

① 나라에 따른 매너와 에티켓에 유의

② 약속 시간을 꼭 지킨다.

③ 옷차림에 신경쓴다(관광할 때 이외에는 청바지나 스웨터, 운동화, 티셔츠, 반바지 차림은 삼가).

④ 악수는 상대의 눈을 바라보면서 밝은 표정으로

⑤ 명함을 사용해서 적극적으로 자신을 알리고 좋은 인상을 남긴다.

⑥ 명함에 영문 표기가 안 된 경우는 자신의 이름과 전화번호 등을 직접 써서 건네 준다.

⑦ 각 나라마다 부르는 호칭이 다르므로 사전에 물어서 확인해 둔다.

⑧ 대접받은 음식은 기쁜 마음으로 맛있게 먹는다.

⑨ 정치와 종교, 남녀 성차별에 관한 문제는 함부로 판단해서 말하지 않는다.

⑩ 민간 외교관이라는 긍지를 가지고 행동

⑪ 소개는 여성에게 남성을, 연장자에게 연소자를, 상급자에게 하급자를 먼저 소개

나. 세련된 선물 매너와 에티켓

① 일본인에게 선물할 때 4는 피한다(死와 연관).

　• 선물할 때 흰 종이로 포장하지 않는다.

　• 흰 꽃(사망 상징)이나 칼(자살 상징)은 선물하지 않는다.

② 중국인에게는 괘종 시계를 선물하지 않는다.

③ 홍콩 사람에게는 두 가지 선물을 한다(행운을 가져온다 고 믿기 때문에).

④ 중동에서는 손수건을 선물하는 것은 이별을 의미하므 로 적합치 않다.

⑤ 라틴아메리카 인에게는 칼을 선물하지 않는다.

　• 상담은 바로 시작하지 않는다.

⑥ 멕시코와 브라질에서 자줏빛 꽃은 사망을 의미한다.

　• 브라질 인에게 ‘OK’라는 제스처를 취하지 않는다.

⑦ 유럽에서 흰 국화는 사망을 상징한다.

　• 유럽에서 짝수의 꽃은 불행을 가져온다고 생각하므 로 홀수로 하되 13송이는 피한다.

⑧ 독일 인에게 빨간 장미는 구애를 뜻한다.

　• 꽃을 선물할 때 포장하지 않는다.

　• 꽃을 짝수로 선물하지 않는다.

⑨ 중동 사람에게는 몸을 일부라도 노출시킨 여인의 사진 또는 애완동물 사진은 선물로 적합치 않다.

⑩ 말레이시아 인에게는 탁상 시계를 선물하지 않는다.

⑪ 프랑스 인에게는 카네이션을 선물하지 않는다.

⑫ 하와이에서는 화장실 사용시 출입구 밖에서 기다려야 한다(문 앞 또는 바로 뒤에서 기다리는 것은 새치기).

⑬ 사우디아라비아에서 라마단 기간(이슬람력 9월) 중 흡 연하면 처벌을 받는다.

⑭ 일본 인이나 대만 인의 등 뒤에서 손뼉을 치지 않는다.

⑮ 영국 인에게 "생계를 위하여 무엇을 하십니까?"라고 묻지 않는다.

⑯ 러시아(모스크바) 레스토랑에서는 수 주일, 수 개월 전에 예약해야 하며 특히 시간과 금전 약속을 안 지키면 신용 상실

⑰ 서구 사회에서는 예약 문화를 못 지키면 생활 자체가 불가능하다(병원에도 사전 예약 최우선, 몸이 아프면 예약부터).

⑱ 서구 예절의 기본은 레이디 퍼스트(Lady First) 관념에 바탕을 두고 있다(다른 에티켓이 뛰어나도 여성에 대한 배려를 못하면 진정한 신사가 아님).

2) 관례상 서열의 기준

① 외국인

② 고객의 친구 중 초면인 사람

③ 과거 공직에 있던 사람

④ 처음 방문한 사람

⑤ 가끔 초대받은 사람

⑥ 자주 오는 고객

3) 여행중 곤란한 일이 생기면

① 여권을 분실했을 때는 한국 대사관이나 영사관에서 재발급을 받는다.

② 길을 잃었을 때는 택시를 타고 투숙한 호텔로 가거나 관공서를 찾아 안내를 받는다.

③ 신용 카드를 분실했을 때는 현지 제휴 은행에 신고해서 카드 무효 수속을 밟는다.

④ 가급적 개인적인 외출을 삼가고 외출시는 2인 이상 동행한다.

⑤ 방문처의 위치, 교통편을 사전 숙지하고 여권은 늘 소지한다.

⑥ 수상한 행동을 금하고 교통 법규를 준수하며 현지 법규 위반으로 경찰 조사시 합법적으로 처리하도록 한다.

(3) 입국 수속(귀국)

① 입국사열
- 출국때 작성한 입국 신고서에 입국 항공편, 출발지를 기입한 후 여권과 함께 입국 심사관에게 제출
- 입국 신고서를 분실했을 때는 기내에서 양식을 얻어 다시 작성 후 제출

② 탁송 수하물 회수 : 입국 사열대 통과 후 탁송 수하물이

있으면 탑승 항공편 수하물 회수대에서 짐을 찾는다.

③ 세관 검사 : 기내에서 작성한 세관 신고서 제출

- 과세 대상 품목이 없을 경우 녹색 신고대로 통과
- 고가의 과세 대상 품목이 있으면 적색 신고대에서 검사

(4) 해외 출장 결과 보고

① 귀국 즉시 회사에 알리고 보고서에 앞서 구두로 출장 결과 보고

② 사용 경비 내역은 출장 결과 보고와 함께 서면으로 제출

③ 수집한 자료, 서적, 정보 등은 다음 출장때 참고가 되도록 잘 정리하여 자료실에 비치

④ 회의를 통해 다른 많은 직원들에게 전달 교육

⑤ 회사 경영에 벤치마킹할 사항은 적극적으로 반영되도록 한다.

⑥ 세계화 시대에 변화의 주도자(Change Agent)로서 리엔지니어링(Reengineering)에 앞장 선다.

3. 세련된 테이블 매너

(1) 한 식

① 출입문에서 먼 안쪽 중앙이 상석이다.

② 식탁에 몸을 깊숙이 숙이지 말고 단정한 자세로 앉는다.

③ 윗사람이 수저를 든 뒤 아랫사람이 수저를 든다.

④ 국물 마시는 소리, 음식물 씹는 소리, 수저 부딪치는 소리를 내지 않는다.

⑤ 수저와 젓가락을 동시에 한손에 쥐지 않는다.

⑥ 덜어 먹는 접시가 있으면 적당량을 덜어 먹는다.

⑦ 밥은 한쪽부터 먹고 국물은 그릇째 들고 마시지 않는다.

⑧ 식사 도중에는 가급적 자리를 뜨지 않는다.

⑨ 윗사람이 질문하면 먹던 것을 삼키고 수저를 놓은 다음 대답한다.

⑩ 식사는 같이 끝날 수 있도록 속도를 맞추고 먼저 끝났

으면 수저를 밥 그릇이나 국 그릇 위에 놓았다가 상대
방의 식사가 완전히 끝난 후에 내려놓는다.

⑪ 돌이나 나쁜 음식물을 씹었을 때는 옆 사람이 눈치채
지 않게 처리한다.

⑫ 식사 자리에서 앉고 일어설 때는 윗사람이 먼저 하고,
아랫사람이 뒤를 이어 행동한다.

⑬ 젓가락으로 집은 것은 반드시 먹도록 하고 이것 저것
집었다 놓았다 하지 않는다.

(2) 양 식

1) 식탁에서의 올바른 자세

① 반드시 예약을 하고 정장을 하며 좌석은 안내를 받아
앉도록 한다.

② 웨이터가 제일 먼저 빼주는 의자가 상석이다.

③ 여성이 자리에 먼저 앉는다(웨이터가 없을 경우 남성이
여성의 의자를 빼준다).

④ 핸드백 등의 소지품은 의자와 등 사이에 놓는다.

⑤ 한 사람이 식탁을 차지하는 적당한 폭은 65~75cm이다.

⑥ 식탁과 가슴은 주먹 한두 개 간격으로 하고 자세를 바
르게 한다.

⑦ 다리는 가지런히 모으고 의자에 깊숙이 앉는다.

2) 식탁에서의 주의사항

① 머리를 긁거나 턱을 괴거나 팔짱을 끼지 말며 다리를 꼬거나 흔들지 않는다.

② 입에 음식물이 있는 상태에서 음료를 마시거나 다른 음식물을 먹지 않는다.

③ 식기가 더러울 때는 웨이터를 불러 새로운 것으로 바꿔 달라고 한다.

④ 잔이나 컵에 스푼을 꽂아 두지 않는다.

⑤ 식사중에는 손가락질하거나 트림, 하품 금지

⑥ 나이프나 포크로 물건을 가리키지 말 것

⑦ 손에 든 나이프나 포크는 세워 잡지 않으며 나이프를 입에 대지 않는다.

⑧ 메뉴는 천천히 보도록 한다.

⑨ 식사 초대를 받았을 때는 가장 비싸거나 가장 싼 음식은 주문하지 않는다.

⑩ 식사시간은 다른 사람과 보조를 맞추도록 한다.

⑪ 식기는 손님이 옮겨 놓지 않는다.

⑫ 다른 사람의 실수는 못 본 척하는 것이 예의이다.

⑬ 식사가 끝났다고 식기를 포개 놓는다거나 한쪽으로 치워 놓지 않는다.

⑭ 대화
  • 멀리 있는 사람과의 대화는 주의한다.

- 화제는 날씨, 여행, 스포츠, 시사, 문화, 뉴스, 음악 등의 가벼운 얘기를 한다.
- 의견이 대립될 수 있는 종교, 정치, 개인 신상의 문제 등은 피하도록 한다.

⑮ 손의 위치
- 식사중에는 큰 접시를 사이에 두고 식탁 위에 가볍게 놓는다.
- 식사 후에는 무릎 위에 얌전히 얹는다.
- 나이프나 포크를 만지작거리지 않는다.

⑯ 이쑤시개나 화장
- 이쑤시개는 테이블에서 쓰지 않는 것이 예의
- 식탁에서 립스틱, 콤팩트 등 화장 금지

⑰ 냅킨 사용법
- 손님 모두가 자리에 앉은 다음 한두 마디 이야기를 나누다가 천천히 자연스럽게 편다.
- 식사 전 건배하는 경우 건배가 끝날 때까지 냅킨을 펴지 않는다.
- 냅킨은 두 겹으로 접힌 상태에서 접힌 쪽이 자기 앞으로 오게 무릎 위에 놓는다(목에 끼우거나 옆구리에 차지 않도록).
- 냅킨으로 나이프, 포크, 접시 등을 닦거나 수건처럼 얼굴, 목, 손을 닦는 것은 삼가

- 물을 엎질렀을 때 냅킨으로 닦지 말고 웨이터에게 부탁
- 냅킨은 음식을 먹고 나서 입가를 닦거나 핑거볼을 사용하였을 때 손가락을 닦는 정도로만 사용
⑱ 식사 도중 자리를 뜰 경우 옆 사람에게 양해를 구한 다음 냅킨을 의자 위에 걸쳐 놓고 일어선다.
⑲ 식사가 끝나면 냅킨을 접어 식탁에 놓는다.

3) 나이프와 포크의 바른 사용법

① 나이프와 포크의 위치는 가운데 큰 접시를 중심으로 하여 왼쪽에 포크, 오른쪽에 나이프를 놓는다.
② 나이프는 오른손에, 포크는 왼손에 쥐고 밖에 놓인 것부터 사용한다.

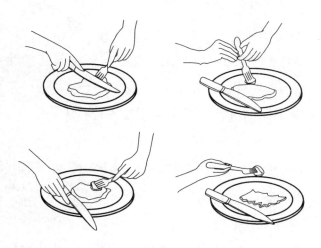

〈포크 바꿔 쥐는 법(미국식)〉

- 나이프와 포크는 바로 세워 들지 않는다.
- 스테이크는 왼손의 포크로 누르고, 오른손의 나이프로 입에 들어갈 크기로 잘라 왼손의 포크로 찍어 먹는다(미국에서는 자를 때는 왼손에 포크를 쥐지만 먹을 때에는 오른손으로 바꿔 쥔다).
- 포크로 일단 찍은 음식은 한입에 넣는다.

③ 나이프나 포크를 떨어뜨렸을 때는 웨이터에게 새것으로 부탁한다.
- 떨어뜨린 포크 또는 나이프는 직접 줍지 않는다.
- 식탁 위에 음식물을 떨어뜨렸을 때는 포크로 주워서 접시 한구석에 놓는다.
- 일반 가정에 초대되었을 때는 나이프나 포크를 직접 줍고 새것을 달라고 한다.

④ 식사중일 때
- 나이프와 포크가 팔(八)자 형이 되도록 접시 중앙에 올려 놓는다.
- 나이프는 칼날이 안쪽을 향하도록 놓는다.
- 포크는 엎어 놓는다.
- 나이프만 놓을 때는 접시 중앙 오른쪽에 비스듬히 올려 놓는다.

⑤ 식사가 끝났을 때
- 나이프와 포크는 접시 중앙 오른쪽에 손잡이가 오른

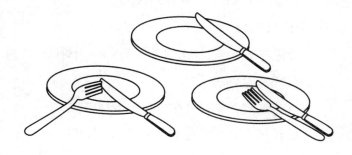

〈나이프와 포크 놓는 법〉

쪽으로 가도록 가지런히 모아 비스듬히 놓는다.
- 나이프는 칼날이 자신을 향하도록 하여 뒤쪽에 놓고,
  포크는 등이 밑으로 가도록 앞쪽에 놓는다.
⑥ 웨이터는 식사 종료 여부를 나이프와 포크가 놓인 상
태로 구별한다.

3) 식사할 때 매너
① 물은 오른쪽에, 빵은 왼쪽 접시에 놓는다.
② 음식을 먹을 때
- 음식을 입에 넣은 채 와인이나 물을 마시지 않는다.
- 음식을 입에 물고 있는 상태에서 이야기하지 않는다.

- 생선요리는 뒤집어서 먹지 않는다.
- 묻는 말의 답변은 입 안에 든 음식을 먹고 난 후 "죄송합니다."라고 말한 후에 한다.

③ 빵을 먹을 때
- 빵은 수프를 먹고 난 직후에 먹기 시작한다(수프와 같이 먹지 않는다).
- 디저트 코스에 들어가기 전에 끝낸다.
- 한입 크기로 알맞게 손으로 떼어 먹는다.
- 토스트는 나이프로 4등분해서 손으로 먹는다.
- 버터는 버터 나이프로 떠서 빵 접시에 덜어 놓는다.
- 버터 나이프는 오른손에 들고 사용하며 작게 뗀 빵 조각에 버터를 발라 먹는다.
- 버터 나이프가 없을 때는 보통 나이프를 쓰는데 반드시 새것을 사용한다.

4) 정식 코스의 식사 매너

① 스테이크
- rare : 표면은 짙은 갈색, 속은 붉은 날고기
- medium rare : rare보다 살짝 더 익힌 상태
- medium : 고기 속이 모두 분홍빛
- well-done : 완전히 구워진 상태
- 큰 고기는 가운데를 자르고 왼쪽에서 오른쪽으로 한

〈정식 코스의 나이프와 포크의 위치〉

입 크기로 잘라 먹는다.

② 샐러드와 조미료

- 미국에서는 야채 샐러드는 고기 먹기 전에, 유럽에서
는 고기 다음에 먹는다.
- 조미료는 옆 사람에게 부탁한다.

③ 핑거 볼(Finger Bowl)

- 손가락 씻는 그릇을 말한다(마시는 실수를 하지 않도록).
- 디저트 코스 전 디저트 접시에 얹혀 나온다.
- 게나 새우의 껍질을 벗길 때는 반드시 핑거 볼에 손
가락을 씻는다.

④ 수프를 먹을 때
- 스푼은 오른손으로 쥐고 바깥쪽 방향으로 떠서 스푼 끝 옆쪽으로 입 속에 쏟아 넣듯 먹는다(프랑스식 : 스푼을 자기 쪽으로 향해 떠 먹는다).
- 스푼으로 한 번 뜬 것은 단번에 먹어야 하며 소리내서 먹지 않는다.
- 수프는 서브하면 곧 먹기 시작한다.
- 수프를 다 먹고 나면 스푼의 손잡이를 오른쪽으로 하여 그릇 속에 놓아 둔다.

⑤ 손으로 먹을 수 있는 것
- 샌드위치, 올리브 열매, 버찌, 캔디 등의 작은 음식
- 수박 같이 껍질을 벗기지 않고 나오는 과일은 안쪽을 먹고 난 후, 반드시 무늬 있는 껍질 부분이 위로 올라오게 놓아 미관상 보기 좋게 한다.

⑥ 커피
- 맨 마지막 코스
- 받침 접시를 들거나 잔을 손으로 받치고 마시지 않도록 한다.

〈찻잔 쥐는 법〉

- 커피잔의 손잡이는 오른손의 엄지와 손끝 전체로 잡는다(권총 방아쇠 당기듯 잡지 않도록).
- 티스푼으로 떠 먹지 않는다.
- 사용한 티스푼은 찻잔 뒤에 놓는다.
- 소리내지 않고 마신다.

⑦ 담배
- 레스토랑에서 식사중에 담배를 피우는 것은 실례다.
- 디저트 후 커피나 식후주를 마시면서 피운다.
- 일반 가정에서는 디저트 후 홍차나 커피를 마시기 시작할 때(피우기 전 사전에 옆사람의 양해를 구해 대답을 들은 다음) 피운다.

5) 풀 코스 요리의 순서

① 식사 전의 주류
- 세리
- 칵테일
- 소프트 드링크류

② 전채(Appetizer, Hors-d'oeuvres)
- 생굴
- 쉬림프(새우)
- 캐비어(철갑상어알)
- 프와그라(기러기 또는 거위의 간) 등

③ 수프

- 포타쥬

- 콘소메 등

④ 백포도주

- 모젤

- 샹리브 등

- 와인 선택시 요점 : 산지, 수확년
  도, 브랜드, 요리 종류

- 생선 요리에는 백포도주,
  육류 요리에는 적포도주

- 와인의 시음 순서
  색깔을 본다 → 향기를 맡아 본다
  → 맛을 본다

〈와인글라스 쥐는 법〉

⑤ 생선

- 살몬(연어)

- 게

- 갑각류

- 조개류

- 에스카르고(개구리) 등

⑥ 붉은 포도주

- 메득

- 보조레
- 에루머티쥬 등

⑦ 육류
- 스테이크
- 치킨 등

⑧ 디저트
- 아이스크림
- 케이크
- 푸딩
- 과일 등

⑨ 커피
- 디카페 : 상카
- 레귤러 : 보통 커피
- 데미다스 : 블랙커피

⑩ 식후의 술
- 위스키
- 브랜디 등

6) 테이블 서비스의 일반 수칙

① 접시에 담겨 나오는 요리는 손님의 오른쪽(미국식)에서
서비스

② 음식을 접시나 볼 또는 투린(뚜껑 덮는 수프 그릇)에 담

아 서비스할 때는 손님의 왼쪽(러시아식)에서 서비스

③ 모든 음료는 오른쪽에서 서비스

④ 식사 후 빈 그릇은 오른쪽에서 걷는다.

⑤ 샐러드나 빵과 버터 그릇은 왼쪽에서 서비스

⑥ 드레싱이나 소스 그릇은 왼쪽에서 서비스

⑦ 빵을 바구니에 담아 서비스할 때는 식탁 중앙에 놓는다.

⑧ 핑거 볼은 식탁 왼쪽 위에 놓는다.

⑨ 연장자나 주빈에게 먼저 서비스, 주최자는 마지막에

⑩ 디저트는 디저트용 그릇과 잔 종류를 제외한 모든 그릇을 치운 다음 서비스

(3) 일 식

① 도코노마 앞 중앙이 상석이다.

② 바른 자세로 앉는다.

③ 윗사람이 나중에 앉고 일어설 때는 먼저 일어선다.

④ 일본 요리는 조금씩 담으며 해산물과 회가 많고 한 상씩 따로 차리는 것이 특징이다.

⑤ 밥을 다시 청할 때는 공기에 밥을 한 술쯤 남긴다.

⑥ 주인이 젓가락을 들라고 권하면 반드시 "잘 먹겠습니다."라는 인사를 건넨다.

⑦ 젓가락 주머니에 들어 있는 젓가락은 오른손으로 꺼내

서 젓가락 놓는 도구 위에 놓는다.

⑧ 많이 먹고 남긴다는 뜻으로 전부 먹지 않는다.

⑨ 그릇의 뚜껑은 상의 왼쪽에 있는 것은 왼쪽에, 오른쪽에 있는 것은 오른쪽에 놓는다.

⑩ 밥이나 죽은 받으면 일단 상 위에 놓은 다음 먹는다.

⑪ 밥과 요리는 교대로 한 번씩 먹는다.

⑫ 건배는 단숨에 마시고 술은 술잔에 조금 남아 있는 상태에서 다시 채운다(첨잔식).

⑬ 밥공기는 왼쪽 앞에 놓이므로 뚜껑은 왼손으로 열어 들고, 오른손을 대면서 밥상 왼쪽 옆에 뒤집어 놓는다.

⑭ 국그릇 뚜껑은 오른손으로 열어 들고 왼손으로 받쳐서 오른쪽에 놓는다.

⑮ 밥을 먹을 때는 공기가 입에 닿지 않도록 들고 젓가락으로 조금씩 떠서 입에 넣는다.

⑯ 밥을 한 젓가락 먹으면 밥공기를 상 위에 놓고, 국그릇을 들고 한 모금 마신 다음 국 건더기를 한 젓가락 건져 먹고, 국그릇을 상 위에 놓는다.

⑰ 밥은 적당량을 청해 먹으며, 한 공기만 먹는 것은 장례식 이외에는 무례한 일이므로 한 번 더 청해 먹는 것이 좋다.

⑱ 다른 사람이 젓가락으로 반찬을 집어들 때 같이 딸려 올라가는 음식을 젓가락으로 떼어 주는 것은 삼가한다

(한국에서 길게 딸려 올라가는 김치 등을 떼어 주듯 하는 행동).

⑲ 국을 다 먹었으면 한 번 더 청하여 먹은 다음 다 먹었으면 뚜껑을 덮어 원래대로 해놓는다.

⑳ 식사가 끝났으면 젓가락을 다시 주머니에 넣고 식탁인 경우는 젓가락 놓는 도구 위에 놓는다.

㉑ 식기의 뚜껑은 모두 원래대로 해놓는다.

(4) 중국식

1) 식사 순서

① 먼저 차가 나옴(왼손으로 바쳐 두 손으로 마심)

② 그날의 메뉴(차이단) 제시

③ 음식

- 전채 : 식사 전의 요리(냉채, 숙채 등)
- 주채 : 주된 요리(볶음, 튀김, 찜, 조리, 구이, 끓인 요리 등)
- 점심 : 디저트(면, 빵, 만두, 죽 등)

④ 식사의 격식

- 한 식탁에 6~8명(10명 이내)
- 적당량씩 덜어 먹음
- 인원 · 음식 수는 짝수로 한다.
- 건배는 단숨에 마심

- 한가지 요리를 다 먹고 난 다음에 다른 요리를 청해 먹음
- 상석에서부터 자기 몫을 덜어 먹음
- 젓가락(콰이주)은 식탁 위에 가로로 놓음(접시 위에 놓지 않도록)

2) 식사 매너

① 출입문에서 떨어진 안쪽 중앙이 상석이다(향단쪽).
② 여러 차례에 걸쳐 요리가 나오므로 처음부터 너무 많은 양을 먹지 않도록 한다.
③ 탕 요리는 수저로 떠 탕 그릇에 담아 들고 먹는다.
④ 젓가락으로 집을 수 있는 요리는 개인 접시에 덜어 양념을 뿌려 먹는다.
⑤ 한 접시의 요리를 둘러앉아 젓가락으로 덜어 먹는 가정적인 요리가 중국 요리의 특징이다.
⑥ 술은 새로운 요리가 나올 때마다 권하면서 먹는다.
⑦ 젓가락은 접시에 걸쳐 놓지 말고 테이블에 올려 놓는다.
⑧ 뼈가 붙은 닭고기 요리 등은 손에 들고 먹어도 무방하며 뼈는 마련된 그릇 위에 놓는다.
⑨ 겨자 같은 조미료는 접시에 덜어 두었다가 젓가락 끝으로 요리에 묻혀 먹는다.
⑩ 윗사람은 나중에 앉고 일어설 때는 먼저 일어선다.

3) 음주시 주의점

① 깐(乾)! 깐! 을 외치며 술을 권해 올 때는 한번에 다 들
이키는 건배를 의미하므로 중도에 내려 놓으면 실례

② 술이 약한 사람은 음주 전에 양해를 구해 놓을 것

③ 술잔이 다 비워지지 않았더라도 수시로 첨잔

④ 술을 먹고 술주정을 부리는 것은 절대 금물

⑤ 주빈에게 축배를 들 때 앉은 채로 하는 것이 보통

4) 차 마시는 법

① 먼저 적당량의 찻잎을 컵에 넣고 뜨거운 물을 부운 다
음 뚜껑을 닫고 찻잎이 가라앉을 때까지 기다린 다음
마신다.

② 중국인은 접대시 컵이 비기 전에 계속 물을 채워 준다.

(5) 알아두어야 할 나라별 테이블 매너

① 미국에서는 점심을 간단히 하고 저녁을 풍성하게 먹
는다.

② 앙트레(entrée)는 미국에서는 메인 코스에, 유럽에서
는 스타팅 코스에 포함되어 있다.

③ 칵테일 아워(Cocktail Hour)는 미국에만 있다(식사 전
약 1시간 동안 술을 즐긴다).

④ 영국에서는 티타임이 있는데 Afternoon Tea란 저녁때 작은 샌드위치나 과자류를 차와 함께 먹는 것을 말하고, High Tea란 계란이나 훈제 고기를 곁들인 것이다.

⑤ 미국에서는 말고기를 먹지 않는다.

⑥ 미국 인은 고기를 썰 때만 왼손에 포크를 쥐고, 먹을 때는 오른손에 포크를 옮겨 쥔다.

⑦ 미국에서는 식사를 하지 않을 때는 손을 무릎 위에 올려 놓는다. 그러나 독일에서는 식사를 하지 않을 때라도 손을 무릎에 놓는 것은 결례이다.

⑧ 유럽 인은 왼손에 포크를 잡고 음식을 먹는다.

⑨ 영국이나 캐나다에서는 냅킨은 기저귀를 의미하므로 서비에트(Serviette)라고 해야 한다.

⑩ 핀란드에서는 조미료 병을 손으로 직접 건네지 않고 옆으로 밀어 준다.

⑪ 프랑스 인은 아침 식사 시간에는 상담을 즐기지 않는다.

⑫ 이탈리아와 프랑스는 샐러드를 식후에 먹는다.

⑬ 독일 인은 아침 식사시 꿀을 즐기는 민족이다.

⑭ 회교도는 돼지고기를 금하며 술도 마시지 못하게 되어 있다.

⑮ 인도, 방글라데시, 파키스탄 사람들은 채식을 즐긴다.

⑯ 프랑스에서는 애완견을 식당에 데리고 들어가도 무방하다.

⑰ 일본에서는 그릇에 담긴 음식 모양을 중시한다.

⑱ 멕시코에서는 점심 식사를 대개 13~16시 사이에 한다.

⑲ 세계 대부분의 나라에서는 점심 식사를 가장 풍성하게
   한다.

4. 레스토랑에서의 매너·에티켓

레스토랑의 어원

- **'블랑제'**(Boulanger, 1765년) : 양과 소의 다리, 꼬리로 만든 스프 판매(Boulanger sells magical restoratives : 블랑제는 신비의 스태미너 요리를 판매합니다 – 간판에 쓰인 말)
- **Derestaurer** : 부흥하다, 기력을 회복하다.
  Restorative → Restaurant

(1) 예 약

- 반드시 예약
- 약속시간 엄수
- 사전 연락 없이 늦어지면 자동 취소(15분 무단 경과시)

(2) 도착과 착석

- 매니저, 리셉셔니스트 영접
- 예약 상항, 이름 확인
- 클로크룸에 불필요한 소지품 보관
- 레이디 퍼스트
- 상석에는 주빈 또는 여성
- 두 손 무릎 위, 핸드백 등 뒤
- 웨이터에게 주문
- 소믈리에에게 와인 주문

(3) 계 산

- 커피, 식후주 거의 마신 후
- 앉은 자리에서 웨이터에게 눈 신호
- 각자 부담시 한 사람이 대표로 지불 후 밖으로 나와 정산
- 팁은 남의 눈에 띄지 않게
  - 악수하면서 계산 후 계산서 돌려줄 때, 냅킨으로 약
    간 덮어 놓음

(4) 와 인(Wine)

- 산지, 수확년도, 브랜드명, 요리
- 먼저 입 닦고(냅킨)
- 4분의 1을 부어 Host가 시음
- "OK" 후 손님께 서브(소믈리에)
- Wine tasting
  (Sight – 색깔을 보고, Smell – 냄새를 맡고, Taste – 맛을 본다)
- Wine 글라스는 제자리
- Vintage chart(빈타지 차트) : 수확산지별 등급 표시
- 남성은 마티니, 여성 맨하탄

> 영어(Win)
> 독일어(Wein)
> 불어(Vin)
> 이태리어(Vino)

5. 호텔에서의 매너 · 에티켓

Hospitale(라틴어) - Hostel(기숙사 같은 숙박 형태) → Hotel(호텔)

(1) 예약 · 투숙

1) 예약
- 성명, 성별, 도착 일시 및 비행기편
- 출발 예정 일시 및 비행기편
- 연락처, 지불 방법

2) 등록 카드 작성(Registration)
- 한 사람씩 작성
- 가족 동반시 함께 작성
- Express check-in(단골 고객)

(2) 객실 이용

1) 열쇠

- 객실 출입시 반드시 소지
- 외출시 프런트(또는 카드 판독기)
- 분실 방지

2) 욕실

- 샤워 커튼 끝이 욕조 안으로
- 찬물을 먼저 틀고 더운물은 온도 맞춤

```
⟨3종류 타월⟩

Wash Towel : 비누칠
Hand Towel : 얼굴. 손 닦음
Bath Towel : 물기 닦음, 몸가림
```

3) TV · 전화

- 일반 채널, 자체 채널
- morning call(Would you give me morning call at 7 o'clock?)

4) 룸 서비스와 미니 바

- 룸 서비스(10~15% 비쌈)
- Hanger Menu(문 밖의 고리에)
- Mini bar(냉장고 : 음료, 주류, 안주)
  - 이용시 계산서(Bill)에 직접 표시
  - 체크 아웃시 계산

5) 객실 메이크업 서비스와 DD

- Make up 서비스(청소 서비스) : 외출시 룸 메이드가 청소
- DD(Do not disturb) : 객실 노크 · 청소 등 출입 삼가, 수면 방해하지 않음
- 시트커버는 발쪽으로 말아 둔 상태로 취침

6) 세탁물 : 세탁물 처리백 사용(안내 책자 참고)

(3) 콘시어지(Concierge : 문지기) 서비스

- GRO(Guest Relation Office : 대고객 서비스부)
- 당직 지배인(Duty Desk) : 문제 발생, 도움 필요시 안내인

(4) 비즈니스 서비스

- 사무 보조 : 테이프, 통역, 복사
- 메신저 서비스 : 텔렉스, 우편
- 비즈니스 정보, 예약
- O.A(사무자동화) 기기 대여

(5) 휘트니스(Fitness) 시설

- 체력장, 사우나, 수영장, 미용실

(6) 팁(Tip)

- 18세기(영국) 술집
  - 신속하고 훌륭한 서비스를 위해 지불은 충분하게
    (TIP(To insure Promptness) : 신속하게 하기 위하여)
- 신속하고 훌륭한 서비스에 대한 대가
  - 룸 메이드(Room Maid) : 1달러(베개 위)
  - 룸 서비스(Room Service) : 계산서의 15%(식사 가져
    왔을 때)
  - 도어맨(Doorman) : 1달러(파킹시 키를 주고받을 때)
  - 벨맨(Bellman) : 50센트~1달러(안내, 짐운반, 심부름)

- 프런트 직원(Front Desk Clerk) : 5달러(특별 서비스 제공시)
- 식당 웨이터 : 식사 비용의 10%(테이블에서 계산시, 계산서 사인 후 전달시, 또는 테이블 위에)
- 소믈리에(Sommelier) : 술값의 15%
- 캡틴(Captain) : 2달러~5달러(배웅시 악수할 때)
- 클럭크 룸(Cloak Room) : 25~50센트(짐을 찾을 때)
* 나라별 TIP 매너를 사전에 알고 잔돈은 미리 준비하도록 한다.

1
부록

업종별 고객 감동 친절 서비스 혁신

일반 판매·서비스 기업의 친절 서비스 혁신

I 고객 접점에서의 감동 서비스

1. 매장에서의 행동

- 한 줄로 좌측 통행, 고객을 앞질러 가지 않는다.
  (급한 경우 고객에게 양해를 구함)
- 팔장 끼고 다니는 행위, 큰소리의 잡담, 비품 방치 등은
  해서는 안 된다.
- 매장 내에서 독서, 음식물 취식, 비상식적인 몸짓 등은
  해서는 안 된다.
- 매장 내의 흡연은 금지(고객을 포함)

2. 효과적인 접객 매너와 에티켓

백화점의 3대 원칙

① 정찰제
② 교환 환불제
③ 자유 관람제

(1) 효과적인 판매의 10단계

제1단계 - 대기

- 정의 : 언제 어디서 누가 오더라도 즉시 고객을 접객할
  수 있는 준비 단계
- 행동 요령 : 상품 정리, 상품 진열의 개선,
  여유 있게 걷기, 먼지 닦기
- 주의 사항
  - 뒷짐을 져서는 안 된다.
  - 쇼케이스에 기대지 않는다.
  - 큰소리로 잡담하지 않는다.
  - 독서와 음식을 먹는 행위는 하지 않는다.

제2단계 - 접근

- 정의 : 고객에게 다가가서 말을 거는 일이나 상품을 부
  담없이 볼 수 있도록 시간을 주는 단계
- 행동 요령
  - 고객의 시선이 특정 상품, 가격표에 오래 머물 때 접
    근한다.
  - 팔겠다는 생각이 들어간 말보다는 고객이 표현하는

감정에 공감하는 첫마디를 한다.

- 고객의 움직임을 보면서 접근→고객과 시선이 마주
  치면 가벼운 목례로 인사→자연스럽게 접근하여
  30도 인사

제3단계 - 응대

- 정의 : 고객과 대화를 시작하는 단계
- 행동 요령
  - 성심 성의껏 1인 1 응대
  - 기다리는 고객의 순번을 준수
  - 고객의 입장이 되어 신속하게
  - 고객을 부득이 기다리게 할 경우 양해를 구한다.
- 주의 사항
  - 정중한 말씨 사용
  - 은어, 전문 용어 사용시 고객의 불쾌감을 유발시킨다.
  - 감정을 섞어서 사용한다.
  - 판매 7대 용어시 적합한 행동이 함께 이루어지면 보
    다 효과적이다.
  - 고객의 신체적 특징이나 인상에 대하여 이야기하지
    않는다.

- 장점과 단점을 표현할 때는 먼저 단점을 표현하고 나서 장점을 표현한다.
- 항상 긍정형으로 답변한다.

판매 7대 용어

① 어서 오십시오 ················· 30도 인사
② 예, 잘 알겠습니다 ················· 15도 인사
③ 죄송합니다만 ················· 15도 인사
④ 잠시만 기다려 주시겠습니까? ·············· 15도 인사
④ 오래 기다리셨습니다 ················· 15도 인사
⑥ 고맙습니다 ················· 30도 인사
⑦ 안녕히 가십시오, 또 들러 주십시오 ···· 45도 인사

제4단계 - 상품 제시

• 정의 : 상품의 시각적 효과를 높이기 위하여 상품을 보여 주는 것.

• 행동 요령

- 항상 양손을 이용하여 상품을 제시한다.
- 반드시 보여 주어야 할 곳은 어디인가?
- 실제 사용하는 상태로 보여 준다.
- 고객에게 실제 사용케 한다.
- 상품을 고객의 가슴높이에 맞춰 보여 준다.

- 주의 사항
  - 상품에 자신감을 가져라.
  - 상품을 보여 줄 때는 실감나게 하라.
  - 상품을 다룰 때는 소중하게 다룬다.
  - 많은 상품을 일시에 보여주지 않기

제5단계 - 상품 설명

- 정의 : 사고 싶은 마음을 불러일으키기 위한 말과 행동이다.
- 행동 요령 : 사전에 많은 상품 지식을 습득하여 고객의 예상 질문에 대한 답변을 사전에 준비한다.

상품지식이란
상품 자체의 지식 + 사용 용도 + 관련 상품들과 연관된 지식

- 주의 사항
  - 고객의 반응을 보면서 설명한다.
  - 판매력을 높이는 가장 중요한 요소이다.

제6단계 - 결정

• 정의 : "저 상품을 사고 싶다"라고 판단 내리는 단계
• 행동 요령
  - 상품에 대해 확신을 갖고 적절한 표현을 사용한다.
  - 반복하거나 사용 효과를 강조하거나 선택의 폭을 좁혀 주거나 동반한 사람의 동의를 얻어내는 것 등을 사용한다.

제7단계 - 입금

• 정의 : 대금을 지불받는 단계
• 행동 요령 : 고객이 보는 앞에서 즉시 금액을 확인한다.

제8단계 - 포장

• 정의 : 고객이 구입한 상품을 포장하는 단계
• 행동 요령 : 신속하게, 아름답게, 튼튼하게(편리성),
              경제성
• 주의 사항
  - 가격표가 붙어 있는지 확인한다.
  - 포장하기 전에 반드시 상품의 상태를 확인한다.

제9단계 - 인계

- 정의 : 포장된 상품과 함께 대금 영수증, 잔돈을 고객에게 전달하는 단계
- 행동 요령
  - 먼저 고객에게 잔돈과 영수증을 주고 확인케 한다.
  - 그런 다음 상품을 소중히 다루며 반드시 두손으로 전달한다.

제10단계 - 전송

- 정의 : 고객이 상품을 구입한 후 매장을 떠날 때 판매 사원이 고객에게 해야 할 행동을 '전송 단계'라고 말한다.
- 행동 요령
  - 판매의 완료는 고객이 상품을 구입한 후 자신의 매장을 떠나는 순간까지이며, 고객에게 상품 구입에 대한 감사의 마음을 반드시 표현하여야 한다.
  - 전송은 통로 밖으로 나와서 45도 인사하는 것을 원칙으로 하며, 전송한 후에는 다시 대기 자세로 돌아서서 또다른 고객을 맞이할 준비를 하여야 한다.

(2) 판매의 기본 행동

1) 드리기와 받기

　① 상품을 주고받을 때

　　• 항상 두손으로 주고받는다.

　② 대금(영수증)을 주고받을 때

　　• 대금은 항상 고객이 확인할 수 있도록 부채꼴로 펴서 건넨다.

　　• "거스름돈 ○○○원과 ○○○원 영수증입니다."

2) 방향 제시

　① 장소를 안내할 때

　　• 가까운 곳

　　• 먼 곳

　　※방향 제시가 어려운 곳은 직접 안내를 한다.

　② 상품이 있는 곳을 가리킬 때

　　• 항상 두 손으로 정중히 가리킨다.

(3) 각종 안전 수칙

1) 일반 안전

　• 매장 및 창고, 계단 등에서 장난, 고성 방가 또는 난잡한 행동을 일체 금하도록 한다.

　• 이탈기(테이프 커팅기) 사용시 손가락이 다치지 않도록 주의한다.

2) 보행 안전
- 계단을 오르내릴 때는 천천히 좌측 통행을 한다.
- 매장 내에서 뛰거나 상품 또는 시설물을 뛰어넘어 다니는 행위는 금하도록 한다.
- 슬리퍼 및 뒷굽이 5cm 이상인 하이힐 등은 신지 않도록 하며 또한 신발 뒤를 접어 신지 않도록 한다.

3) 흡연 안전
- 흡연은 지정된 장소에서만 하도록 한다(각 화장실 및 흡연 지정 장소 표지판이 부착되고 철재 재털이가 비치된 곳).
- 금연 장소(매장 · 창고)에서의 흡연 고객 및 사원이 있을 때는 즉시 금연을 권유한다.
- 흡연 후 담배 불씨는 재털이에 확실하게 끄고, 담배 꽁초는 재털이에 버리도록 한다(담배불을 종이컵이나 휴지 등에 싸서 버리는 행위 금지).

4) 보건 위생 안전
- 쇼핑 중인 고객이 상해를 입었을 때는 직접 의무실로 후송하는 것이 가장 바람직하나 여의치 않을 때는 담당 사원 및 코너장에게 신속히 연락하여 치료받을 수 있도록 한다.

5) 화재 예방
- 가연성 위험물인 아세톤 및 헤어스프레이 등을 매장으로 반입하여 사용하는 것은 금한다.

(4) 긴급 상황별 처리 요령

상 황	처 리 요 령
습득물의 처리	• 경비실에 인계(기본 사항을 6하 원칙에 따라 기재) • 방송실로 연락하여 점내 안내 방송
분실물을 받은 경우	• 분실물 내용, 시간 확인 후 경비실에 습득 신고 접수 여부 확인 • 습득 신고 없는 경우 고객이 경비실에 신고토록 안내(분실물 중 카드가 있는 경우 카드 분실 접수 창구로 먼저 연락)

소매치기 신고 접수의 경우	• 소란을 일으키지 않도록 신속히 조치
	  – 피해 상황을 메모하고 경비실에 연락
	  – 경비 요원 도착을 기다려 인계(메모도 인계)

물건을 맡기고자 의뢰하는 경우	• 물품의 보관은 코너에서 불가능함을 정중히 설명 • 물품 보관소 위치를 안내
미아 발견의 경우	• 주변에 보호자가 있는지 확인 후 방송실로 연락하여 점내 방송 의뢰 • 장시간 보호자가 오지 않을 경우 경비실로 연락
물건을 훔치는 사람 발견의 경우	• "계산 장소는 이쪽입니다만, 포장해 드릴까요?"라고 말을 건넨다. • 다른 사원에게 경비실에 연락을 의뢰해서 인계
촬영 · 인터뷰의 경우	• 인사 부서에 전화 통보 • 상사에게 보고 • 사진 촬영과 인터뷰에 응하지 않는다.

Ⅱ 　디스플레이와 점포 공간

1. 살아있는 디스플레이

(1) 비교 진열(동일 상품):진열은 말 없는 세일즈맨

(2) 특색 있는 점포

　　• 중점 상품 : 전시 진열

　　• 일반 상품 : 좌우 배열(보충 진열)

　　• 특수 상품 : 악센트 진열

(3) 눈높이 진열(150cm : 황금 line, 210cm 이상 또는 45cm 이

　　　　　　하 진열 피함)

(4) 고객이 구별하기 쉽게(계층별, 용도별)

(5) 풍부하고 무드 있게

　　• 3, 4층으로(입체감)

　　• 동일 색상, 동일 모델 : 상하 비교 진열

(6) 진열 상태 점검

　　• 상품군마다 보기 쉽게

　　• 중점 상품 가리지 않게

　　• 고객이 직접 만질 수 있게

2. 점포 공간의 분류

- 점원 공간
- 상품 공간
- 고객 공간

Ⅲ 고객의 마음을 움직이는 판매 기법

1. 접수 응대의 5단계

- 1단계 : 따뜻하게 맞이하기
- 2단계 : 상대 확인
- 3단계 : 용건 확인
- 4단계 : 신속히 행동(신속히 연락)
- 5단계 : 깨끗한 마무리

2. 구매 심리의 8단계

- 1단계 　 **주 목** 　 : 지나가는 길에 물건을 흘긋 본다.
- 2단계 　 **흥 미** 　 : 상품에 흥미 ──────── 〈말할 타이밍 최적〉
- 3단계 　 **연 상** 　 : 상품을 사서 가지고 있을 자신을 연상
- 4단계 　 **욕 망** 　 : 상품을 갖고 싶어진다.
- 5단계 　 **비교·검토** : 어느 것이 가장 좋은 것인지 생각한다.
- 6단계 　 **신 뢰** 　 : 이 상품이라면 틀림없다고 믿는다.
- 7단계 　 **행 동** 　 : 구매 결정을 단행한다.

• 8단계   **만족** : 구매한 상품과 접객 서비스에 만족한다.

3. 매장에서 유의할 6가지 포인트

(1) 매장 구성과 상품 진열 위치 파악
(2) 가격표(price card) 확인
  • 물건마다
  • 제위치에
  • 더럽고, 망가짐이 없는가?
(3) 상품 점검
  • 제자리
  • 진열량
  • 입체적 진열
  • 꺼내기 쉽게
  • 파손, 더러운 상품
(4) 신선한 상태 유지
(5) 훌륭한 진열 연구
  • 보기 쉽게
  • 꺼내기 쉽게
  • 선택하기 쉽게
  ※연결식 진열은 풍부하게 보인다.
(6) 매장의 정리 정돈은 자주 한다.

4. 접객상의 주의점

```
┌─────────────────────────────────┐
│       접객 태도의 3원칙          │
│                                 │
│        ① 웃는 얼굴              │
│        ② 신속한 행동            │
│        ③ 성의(마음)             │
└─────────────────────────────────┘
```

(1) 확인 : 오래 기다리셨습니다. 이것이지요?

(2) 행동 : 활발하고, 분명하고, 시원시원한 행동

(3) 동작 : 척척, 또박또박

5. 판매원의 3대 요소

(1) **신 뢰** • 고객에게 호감받고 신뢰받는 인상

　　　　　　　- 정리된 머리 모양

　　　　　　　- 가벼운 화장

　　　　　　　- 청결한 복장

　　　　　　　- 단정한 몸가짐

　　　　　　　- 어울리는 구두

(2) **서비스** • 자상한 서비스 정신

　　　　　　　- 바쁘지만 진심으로 응한다

　　　　　　　　(다른 매장에 가서 함께 찾아 준다).

–전부터 갖고 싶은 것을 보는 순간 사고
싶다(고객).

(3) /상품 지식/ • 풍부한 상품 지식

　　　　　–고객은 판매원을 매장의 프로로 알고
있다.

　　　　　–고객과 점포를 연결시키는 것이 상품

　　　　　–상품에 대해 1인자가 되어야 한다.

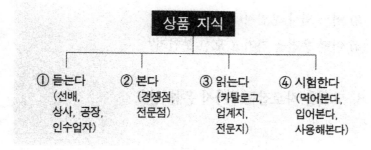

6. 프론트 요원의 임무

(1) 회사의 대표자

(2) 친절의 1인자

(3) 고객 생애의 좋은 영향

　• 백화점의 영업 사원(민간 외교관)

　　–국경이 없다.

- 고객의 다양화
- 미래를 움직인다.

7. 손님 기억법

(1) 얼굴, 체격, 말솜씨, 인품 등 특징 파악
　　(얼굴 : 눈썹, 입, 두발, 안경)
(2) 이름 기억(상사, 명함, 명찰, 대화시 : 지인, 유명인 결부)
(3) 어느 회사 분인지(지위, 직업)?
(4) 어떤 용건을 가지고 오신 분인지?

8. 고객을 사로잡는 7가지 온몸 신호

(1) 동작 신호 : 친절하게 느끼도록
(2) 언어 신호 : 안녕하십니까, 고맙습니다, 미안합니다.
(3) 음성 신호 : 질, 크기, 높이, 빠르기, 억양
(4) 표정 신호 : 웃는 얼굴, 투덜거리는 얼굴, 몰두하는 얼굴
(5) 시선 신호 : 마음의 창
(6) 공간 이용 신호 : 적당한 공간 유지
(7) 냄새 신호 : 온몸을 통하여 설득 있는 신호

9. 접객 용어의 3가지 포인트

(1) 고객의 **귀**에 좋게 들리는 언어
(2) 고객의 반응을 봐가면서 **교류**하는 언어
(3) 고객 생활과 **밀접**한 언어

10. 접객 7대 용어

(1) 환영 어프로치
　・어서 오십시오(환영 인사와 어프로치 언어).
　　－무엇을 해드릴까요?
(2) 고객의 지시, 의뢰
　・예, 잘 알겠습니다.
　　(예, ……말씀이지요. 잘 알겠습니다.)
(3) 기다리게 할 때
　・잠시 기다려 주시겠습니까?
　　(잠시만 기다려 주시겠습니까? 지금 찾아보겠습니다.)
(4) 기다렸을 때
　・오랫동안 기다리셨습니다.
　　(기다리게 해서 죄송합니다.)
(5) 마법의 언어(항상 사용)
　・감사합니다(고맙습니다).

－물건을 샀을 때, 대금을 정산한 후 거스름돈과 상품을 건네 줄 때

(6) 고객에게 사죄와 의뢰
  • 죄송합니다만······.

(7) 배웅(판매 후)
  • 안녕히 가십시오. 또 들러 주십시오(고객 만족).

11. 접객 화법의 원칙(의뢰형, 긍정형)

예) • 품절되었을 때
    － 명령형 : 지금 품절되었으니 내일 저녁까지 기다려 주십시오.
    － 의뢰형 : 죄송합니다만 내일 저녁까지 기다리시면 안 되겠습니까?
  • "이 사이즈로 붉은 색은 없어요?" 하고 물었을 때
    － 부정형 : 예, 없습니다.
    － 긍정형 : 지금은 이것뿐입니다.
  • 반품이 있을 때
    － 부정형 : 그것은 안 됩니다.
    － 의뢰형 : 죄송합니다만 반품이 허용되지 않는데요?

12. 접객의 기본이 되는 언어

상대, ○ ○ ○씨 ································· ○ ○ ○님, ○ ○ ○씨
부부 ····································· 사모님, 선생님
노인 ······································· 어르신네
남자 아이 ································· 야드님
나 ·· 저
이 가게 ································· 저희 가게
누구 ······································· 어느 분
고객의 집 ······························· 댁
값 ··· 가격

13. 한번 고객을 단골 고객으로

(1) 고객은 누구나 단골 거래처를 두고 싶어한다.
(2) 만족한 고객은 다시 찾는다.
(3) 단골 고객이 많아야 번창한다.
(4) 고객의 ABC 분류
  • A급 고객 : 전체 80% 차지, 상위 그룹
  • B급 고객 : 5~20%, 중위 그룹
  • C급 고객 : 하위 그룹

14. 고객별 응대 요령

(1) 화를 내는 고객 : 말 대답 대신 "죄송합니다."

(2) 가르치고 싶어하는 고객 : 잘 들었습니다.

(3) 자랑하고 싶어하는 고객 : 자연스레 찬사

(4) 값을 깎으려는 고객 : 가격 정당성 설득(정찰제)

(5) "나는 둘러 보러 왔어요"라고 말하는 고객 : "편안히 구경
   하세요. 충분히 보십시오."

(6) 월급날 기다리는 고객 : 캠페인 기간, 신용카드,
   지금 사모님께 전화

15. 고객 유형별 대응 전략

(1) 충동적 고객 : 간결, 동작 신속(돌발적 행동)

(2) 심사숙고형 고객 : 좋은 인상, 많은 혜택 확신

(3) 미결정형 고객 : 고객 대신 결정

(4) 다변형 고객 : 인내, 독수리처럼 기회 포착

(5) 의심형 고객 : 증거 설득

(6) 결정형 고객 : 칭찬(논쟁 금물)

(7) 친절형 고객 : 결정타를 칠 기회 포착

(8) 불친절형 고객 : 인내, 오랜 대화

(9) 독설형(비꼼, 헐뜯음) 고객 : 무표정, 동참

16. 고객이 바라는 9가지 응대 태도

(1) 웃는 얼굴로 응대해 주길(시선, 표정)

(2) 용무를 빨리 마치게 해주길

(3) 성실히 서비스해 주길

(4) 공평한 취급을 해주길

(5) 자기 신분을 알아 주길

(6) 감사한 생각을 나타내 주길

(7) 점포 일을 투명하게 보여 주길

(8) 반품, 관람 고객, 미구매 고객에게 더욱 친절하길

(9) 시험 사용 고객에게 따뜻한 마음을

17. 나는 고객에게 불만족을 주고 있지 않은가

- 시선
- 얼굴, 머리 손댐, 혀 냄
- 표정 굳음
- 뒷짐, 팔짱, 손을 뒤에
- 고객 차별
- 사담
- 손가락질
- 등 돌림

- 담배, 껌
- 주머니에 손
- 불손한 행동(다툼)
- 고객 앞지름
- 전화 응대 늦음
- 옆으로 인사
- 의자나 진열대에 몸 기댐
- 반품할 때 불친절
- 언어, 태도에 정성 없음
- 걸을 때 소리
- 여럿이 횡으로 보행
- 미구매(관람) 고객에게 불친절

불평처리 5대 원칙

① 사람을 바꿔라
② 장소를 바꿔라
③ 경청하라
④ 시간을 가져라
⑤ 개선하라

18. 불만 처리 요령(화가 복이 될 수 있도록)

(1) 불만을 피하지 말 것(최후까지 경청)

(2) 잘 듣고, 기회를 포착하여 사과할 것(대표자 사과)

(3) 손님과 논쟁을 피하고 이해를 구할 것(진위 파악)

(4) 설명은 친절하고 정중하게, 처리는 신속하게

(5) 장소를 바꾸어 본다(원인 제공자를 시야 밖으로).

(6) 불만 원인 조사 및 대책

Ⅳ　매장에서 해야 할 여러 가지 일

1. 매장에서의 여러 가지 일

- 매입 상품 수령 검수
- 가격표 부착
- 매장의 상품 보충
- 상품 진열을 위한 정리 정돈
- 고객에 대한 접객 서비스
- 고객과의 대화를 통한 수요 조사(그 상품 좋았어요)
- 점두 점내의 청소 정돈(필요없는 물건)
- 판매 소모품의 점검과 보충
- 진열 상품의 재정리
- 개점시 판매 준비와 폐점시 매장의 정리 정돈
- 조례 · 종례의 출석
- 반품 · 교환 상품 정리
- 출근 교대시 사무 연락 등의 확실한 인계
- 품절된 것의 조사와 보고
- 전화받기

• 일보 제출, 당번 업무

2. 매장에서 주 단위로 할 일

• 점두, 점내의 디스플레이 손질
• 판매 기구, 비품 등의 매입
• 재고 조사
• 유리 청소, 청소 용구 매입
• 가격표 낙탈, 오기입, 더러움 등 점검
• 쇼카드, POP 광고 작성, 위치 선정
• 창고의 정리 정돈
• 주보 제품, 판촉 데이타 정리 · 분석
• 타점포 견학 시찰
• 판매 관계의 지식, 기술의 연수

3. 매장에서 월 단위로 할 일

• 조명 기구류의 청소 점검
• 쇼윈도우, 케이스, 진열대 등 집기, 비품류의 청소 점검
• 상품의 선반 진열, 계절 상품의 정리
• 매입 상품 연구
• 월보 제출

금융 기관의 친절 서비스 혁신

I 고객 접점(창구)에서의 금지 사항

1. 복장이나 화장을 고치는 행위
2. 서랍, 주머니, 비품 등의 배치 행위
3. 화를 내거나 찌푸린 얼굴 표정을 하는 행위
4. 큰소리로 말하거나 전화하는 것, 전문어 · 은어 · 속어 등의 언어 행위
5. 기지개, 하품, 졸고 있는 행위, 먹거나 마시고 씹는 행위, 담배를 피우는 행위, 이를 쑤시거나 귀를 후비거나 손톱을 깎는 행위.
6. 꾸부정하게 서거나 걷고 앉는 행위
7. 라디오나 카세트를 듣는 행위, 신문이나 잡지를 보는 행위, 바둑 장기 등의 오락 행위
8. 고객을 앞에 두고 사적인 전화를 하는 행위
9. 외래 행상에게 물건을 사는 행위
10. 의자를 소리나게 끄는 행위
11. 동료끼리 잡담이나 장난을 하는 행위
12. 덥다고 부채질을 하거나 춥다고 양손을 엉덩이 밑에 깔고 앉는 행위

13. 점심 시간이라고 자리를 모두 비우는 행위
14. 고객이 있는데도 불구하고 상사나 감독 기관, 상급자
    가 왔다고 우르르 몰려가 영접하는 행위
15. 주머니에 손을 넣은 채 고객을 맞는 행위
16. 창구에 몸을 기대거나 다리를 꼬고 앉는 행위

> **고객과의 접점 지역에 있는 사원 각자는
> 회사의 얼굴이며 대표자이다.**

창구 응대 5단계

| 제 1 단계 | 맞아들이는 단계 |

- 밝고 활기에 찬 창구 분위기
- 고객이 편안한 마음으로 용건을 말하게

| 제 2 단계 | 용건 접수 단계 |

- 고객의 용건을 열심히 경청
- 요점 메모

| 제 3 단계 | 사무 처리 단계 |

- 사무 처리 시간을 예고
- 신속 · 정확하게 처리
- 지연시 사과, 진행 사항 설명(궁금증 해소)

| 제 4 단계 | 처리 결과 통보 단계 |

- 자료나 서류 및 현물을 보이며
- 고객이 틀림없이 처리되었음을 확신토록

| 제 5 단계 | 배웅 단계 |

- 고객이 즐거운 마음으로 돌아가도록
- 공손한 인사
- 좋은 이미지

Ⅱ 고객 응대의 5단계

제 1 단계	고객 맞이	"어서 오십시오"

① 밝고 활기에 찬 창구 분위기
② 먼저 인사하고 편안히 말할 수 있게
③ 하던 일을 멈추고 눈을 보며 대화
④ 호감을 줄 수 있도록

맞이 응대 상황별 화법

상 황	화 법	포 인 트
창구에 다가섰을 때	• ○○○손님, 안녕하십니까? (날씨에 대한 인사말 등을 건넨다)	• 가능한한 호칭하며 인사 • 쉽게 답변할 수 있는 질문
망설이고 있을 때	• 이쪽으로 와주시겠습니까? 무엇을 도와 드릴까요?	• 먼저 인사하는 적극적 봉사 자세
먼저 오신 고객의 용건을 처리하고 있을 때	• 잠시만 기다려 주시겠습니까? • 곧 처리해 드리겠습니다	• 양해의 인사
많은 고객이 밀려 있을 때	• 죄송합니다. 순서대로 처리해 드리겠습니다. 잠시만 기다 려 주시겠습니까? • 죄송합니다. 잠시만 기다려 주시겠습니까?	• 순서는 정확하고 공평하게 (앞손님 우선)

| 제 2 단계 | 용건 접수 | "예, 잘 알겠습니다" |

① 고객의 방문 목적을 정확히 파악(경청, 요점 메모)
② 용건을 복창하며 확인
③ 양손으로 현금 접시 사용
④ 고객의 용건을 알아들었다는 대답

용건 접수 상황별 화법

상 황	화 법	포 인 트
입금 고객에게	• ○○○원을 입금하시는군요. 감사합니다. • 예, 입금이시죠. 지금 확인해 보겠습니다. • ○○○원이군요. 곧 처리해 드리겠습니다.	• 고객이 보는 앞에서 확인 • 금액은 꼭 한 번 이상 말한다.
지급 고객에게	• ○○○원을 찾으시는군요. 어떻게 드릴까요?	• 희망권종의 확인
고객에게 부탁할 경우	• 죄송합니다만, 저쪽 필기대에서 기입해 주시겠습니까? • 죄송합니다만, 이것은 ○번 창구에서 처리합니다. (끝에서 2번째 창구입니다)	• 정중한 표현으로 기입을 의뢰 • 장소는 분명히 알림
고객이 통장을 찾기 위해 창구로 온 경우	• 뒤쪽에 통장이 있는 경우 - ○○○ 손님 통장 부탁합니다.	※금지 사항 - ○○○씨 통장 나왔나? (직원간에도 '○○○손님'으로 호칭)
급하게 서두르는 고객의 경우	• 죄송합니다. 모두 순서대로 접수받고 있으니 잠시만 기다려 주시겠습니까? (단, 주요 고객인 경우 책임자와 상의하여 특별 처리 고려)	• 우선 기다려 주실 것을 양해 받음 ※금지 사항 - "순서대로 하고 있으니까" 등의 판에 박힌 딱딱한 말은 삼가

제 3 단계	용건 처리	"잠시만 기다려 주시겠습니까?"

① 대기 시간을 예고("1분만 기다려 주시겠습니까?" 등)
② 앉을 장소를 안내(방향 제시 손동작)
③ 업무가 지연될 경우 중간 보고(궁금증 해소)
④ 처리 동작은 빠르게
⑤ 고객의 소지품은 정중히(통장류 등)

업무 처리 상황별 화법

상 황	화 법	포 인 트
혼잡할 때	• 죄송합니다, 잠시만 기다려 주시겠습니까? • 죄송합니다만, ○분 정도 기다려 주시겠습니까?	• 기다릴 시간을 미리 알려준다.
번호표를 사용하는 경우	• ○번의 번호표를 가지고 잠시만 기다려 주시겠습니까?	• 앉을 장소를 손으로 안내 (방향 지시)
기다리고 있을 경우	• ○○○ 손님, 기다리시게 해서 대단히 죄송합니다. 조금만 더 기다려 주시겠습니까? • 곧 처리해 드리겠습니다. ○분 정도만 기다려 주시겠습니까?	• 기다리는 동안 팜플렛을 보도록 • 처리 도중에는 지연 시간을 알려주는 등의 양해 인사
지점장을 방문하러 온 경우	• 어서 오십시오. 지점장께서 기다리고 계십니다.	• 반갑고, 고마운 표현 • 정성스럽고 신속한 안내
창구로 담당자를 방문해 온 경우 – 사전에 담당자에게 연락이 있었던 경우 – 담당자가 부재중일 경우	• 어서 오십시오. 기다리고 있었습니다. • 지금 ○○○와 연락을 취하고 있으니 죄송합니다만, 잠시 기다려 주시겠습니까? • 대단히 죄송합니다. ○○○는 외출중인데 대신 책임자께 말씀드릴까요?	• 반갑고 고마운 표현 • 응대하는 사람이 먼저 양해의 표현 • 상사에게 알림

제 4 단계	처리 결과 보고	"오래 기다리셨습니다"

① 고객의 full name에 '손님, 선생님' 등의 호칭

② 자료, 서류, 현물을 보이며

③ 오래 기다린 경우 양해의 인사말

④ 처리 결과를 조리 있게 설명, 확신토록

마무리 처리 상황별 화법

상 황	화 법	포 인 트
고객을 호명할 때	• ○○○손님, ○번 창구로 와 주시겠습니까?	• 얼굴을 보며 full name 을 부른다.
창구에 다가오면	• ○○○손님, 오래 기다리셨습니다.	• 눈을 보며 양해의 말
처리 내용의 확인	• 처리되었습니다. 확인해 주시겠습니까? 감사합니다. • 여기 나왔습니다. 확인해 주시겠습니까? 감사합니다.	• 현금 접시를 사용하며 왼손으로는 통장을 누르고 오른손으로는 금액란을 가리킨다. • 현금은 통장 사이에 넣지 않는다.

| 제 5 단계 | 배 웅 | "감사합니다. 또 들러 주십시오" |

① 고객이 즐거운 마음으로 돌아가도록
② 다시 거래해 줄 것을 부탁
③ 정중하게 배웅(공손한 인사, 좋은 이미지)

배웅 응대 상황별 화법

상 황	화 법	포 인 트
고객을 배웅하는 경우	• 저희 지점을 찾아주셔서 감사드립니다. 또 들러 주십시오. • 감사합니다. 안녕히 가십시오. (오늘따라 고객이 붐벼서 정말 죄송합니다. 비가 많이 오니까 조심해서 가십시오)	• 친절에 감동 신속에 감격 일 처리에 확신하고 다시 찾아 올 수 있 도록
업무 처리 중 마감 시간 경과로 정문 셔터를 내린 경우	• 죄송하지만 가실 때에는 ○○○문을 이용해 주십시오.	• 출구쪽을 손으로 안내한다(방향 지시).

Ⅲ | 장애 발생시 응대 요령

1. 창구 온라인 장애시 응대 요령

- 객장 안내 방송을 통하여 즉시 장애 상황을 고객에게
  알린다.
- 개인별 항의 고객에 대하여는 몇 번이고 사과의 말을
  하며 양해를 구한다.
- 시시각각의 장애 복구 상황을 점검하고 이를 즉시 고객
  에게 알린다.
- 고객이 초조하게 기다리는 상황에서 직원간 잡담이나
  한가한 행동을 삼가한다.
- 처리 가능한 업무(무통장 입금, 세금 수납 등)는 융통성
  있게 책임자와 상의하여 처리한다.

2. 자동 서비스 코너(C/D 코너)는 창구 및 객장의 연장임을 잊지 말 것

상 황	화 법	포 인 트
• CD 호출 벨이 울렸을 때(고객의 오조작, 고장 등)	• 오래 기다리셨죠? • 기계가 작동이 잘 안 되나 보죠? 제가 도와 드리겠습니다.	• 즉시 나가서 처리한다. • 친절히 상황을 듣는다(고객을 의심하는 듯한 태도는 절대 삼가한다). * 금지의 말 • 어떻게 된 거죠? • 잘못 넣지 않았습니까?
• 이용 고객에 대하서 • 뒷줄에 서 있는 고객에 대해서 – 곧 복구될 수 있을 때 – 곧 복구될 수 없을 때	• 바쁘실 텐데 대단히 죄송합니다. 지금 점검중이오니 잠시 기다려 주시겠습니까? • 지금 점검하고 있습니다. 잠시만 기다려 주시겠습니까? • 죄송합니다만, 지금 점검하고 있으나 시간이 좀 걸릴 듯합니다. 다른 기계(또는 창구)를 이용해 주시겠습니까?	• 정중히 사과한다. • 안내원의 협조를 받아 고객 안내를 정중하고 정확히 한다.
• 복구되었을 때	• 오래 기다리셨습니다. 이쪽 기계도 이용하실 수 있습니다. • 바쁘실 텐데 오래 기다리셨습니다. 죄송합니다.	• 기다리게 한 것에 대한 정중한 사과
• 현금을 다시 채우거나 전표 교환시	• 죄송합니다만 기계 조정을 해야 하니 잠시만 기다려 주시겠습니까?	• 잠시 이용할 수 없게 됨을 정중히 사과
• 현금이 부족하다는 신고가 있을 때	• 확인해 보겠습니다. 잠시만 기다려 주시겠습니까?	• 고객을 의심하는 태도는 절대 취하지 않는다. * 금지의 말 – "그런 일은 절대 있을 수 없습니다."

고객 애로시 응대 요령

1. 고객 입장에서 듣는다

응대 포인트	화 법	주의해야 할 태도	금지해야 할 표현
• 어떠한 일도 가볍게 보지 않는다. • 진심으로 듣고 성심 성의껏 응대한다. • 도중에 말을 막지 않는다.	• 저에게 말씀해 주실 수 있으십니까? • 즉시 확인해 보겠습니다. • 말씀하신 대로입니다.	• 그건 사사로운 것이라고 하는 태도 • 대단한 일이 아니라고 하는 태도 • 부정적인 태도 • 창구를 이용하게 하는 것 • 선입관을 가지는 것 (말이 많은 사람, 신경질적인 사람 등)	• 그런 식으로 말씀하시면 안 되죠. • 자주 있는 일입니다. • 그럴 리가 없겠지요. • 그렇게들 말씀하십니다만

2. 은행의 잘못은 성의를 가지고 사과한다

응대 포인트	화 법	주의해야 할 태도	금지해야 할 표현
• 변명은 하지 않는다. • 책임 전가는 하지 않는다. • 고객과 입씨름하지 않는다.	• 대단히 죄송합니다. 정말 죄송합니다. • 저희의 실수입니다.	• 자신에게는 책임이 없다고 하는 태도 • 감정적으로 되는 것	• 너무 바빠서 (급해서……) • 본점에서 틀렸습니다. • 규정상 그렇게 되었습니다.

3. 상사에게 보고하고 인계한다

응대 포인트	화　법	주의해야 할 태도
• 고객이 납득하지 않을 경우는 상사에게 연결한다.	• (저로서는 최선을 다했습니다만) 잘 알겠습니다. 저희 책임자와 상의해 보겠습니다.	• 이런 일에 책임자는 관계가 없다고 하는 태도

4. 신속히 성의 있는 회답을 한다

응대 포인트	화　법	주의해야 할 태도	금지해야 할 표현
• 원칙적으로 그 자리에서 회답 (늦어도 당일중)	• 앞으로는 이런 일이 없도록 주의하겠습니다. • 번거로우시겠지만, 이렇게 준비해 주시면 바로 처리해 드리겠습니다.	• 불확실한 대답이나 흐지부지한 태도	• 저는 모릅니다. • 역시 규정상 할 수 없습니다. • 지점에선 안 돼요. 본점에 이야기하세요. • 이 정도면 괜찮다고 생각합니다.

5. Follow - 후속 조치

응대 포인트	화　법	주의해야 할 태도
• 후일 고객이 내점(전화)했을 때	• 지난번에는 정말 죄송했었습니다.	• 자신의 실수가 아니라고 하는 태도

의료 기관의 친절 서비스 혁신

의료 고객 친절 서비스

1. 환자의 심리적 욕구

- 건강하고 싶어한다.
- 불안감을 갖고 있다.
- 위안을 받고 싶어한다.
- 치료비를 걱정한다.
- 책임 있는 대우를 받고 싶어한다.
- 신속 · 정확한 진료를 원한다.
- 질병에 대한 비밀을 철저히 지키고 싶어한다.
- 쾌적한 환경에서 치료받기를 원한다.

2. 말할 때 유의 사항

- 부드럽게 말한다.
- 정성을 담아 말한다.
- 눈으로 말한다.
- 밝은 표정으로 말한다.

• 비밀을 지켜 준다.

3. 환자와의 대화법

(1) 기본 인사
- 어서 오십시오.
- 안녕히 가십시오.
- 건강하십시오.
- 감사합니다.

(2) 사후 인사
- 안녕하십니까.
- 날씨가 참 좋습니다.

(3) 문안 인사
- 안녕하셨습니까.
- 건강은 좋아지셨습니까.

(4) 환자를 처음 만났을 때
- 어서 오십시오.
- 무엇을 도와 드릴까요.

(5) 다시 온 환자를 만났을 때
- 안녕하십니까. 오랫만입니다.

(6) 환자를 기다리게 할 때
- 죄송합니다만, 잠시 기다려 주시겠습니까.

- 곧 도와 드리겠습니다.
- 오래 기다리셨습니다.
- 죄송합니다.

(7) 환자의 독촉을 받을 때
- 곧 도와 드리겠습니다.

(8) 환자를 찾거나 부를 때
- 실례지만 ○○○ 손님이 어느 분이십니까.

(9) 알고 있는 것을 말할 때
- 잘 알고 계시는 바와 같이

(10) 모르는 것을 질문받았을 때
- 죄송합니다만, 잠시 기다려 주시겠습니까. 곧 알아 보겠습니다.

(11) 환자의 고충을 들을 때
- 네, 잘 알겠습니다.
- 곧 확인하여 처리해 드리겠습니다.

(12) 환자에게 사과할 때
- 저의 부주의로 폐를 끼치게 되어 대단히 죄송합니다.

(13) 예약 유무를 확인할 때
- 예약이 되어 있습니까.

(14) 돈을 받을 때
- 감사합니다. ○○○원 받았습니다.

(15) 잔돈을 줄 때

　• 감사합니다. ○○○원 돌려 드립니다.

(16) 안내할 때

　• 제가 안내해 드리겠습니다.

　• ○○○씨가 안내해 드릴 것입니다.

(17) 금연 구역에서 담배를 피울 때

　• 죄송합니다. 이곳은 금연 구역입니다.

　• 흡연 구역은 저쪽입니다.

(18) 면회 금지인 환자의 면회를 원할 때

　• 죄송합니다만, 환자의 안정을 위해 면회가 금지되어 있
　　습니다.

(19) 진료 시간을 마감할 때

　• 애써 오셨는데 시간이 지나서 죄송합니다.

(20) 환자를 전송할 때

　• 안녕히 가십시오.

　• 건강하십시오.

　• 감사합니다(고맙습니다).

4. 병원의 불친절 10가지 사례

(1) 무시, 반말, 명령적 언어(인격 무시)

(2) 의사, 간호사의 기분을 환자에게 적용(간호사 기분에 따라

주사 바늘)

(3) 진지하지 못한 진료 자세(팔짱, 뒷짐, 손가락, 다리 꼼, 시선, 담배, 냉랭, 뻐김, 나태)

(4) 장시간 대기(진행 상태의 불투명)

(5) 접수처의 무성의한 답변, 안내(불친절, 섬세하지 못함)

(6) 차별 대우(여자에게 : 필요 외 관심, 지위, 친분 의식)

(7) 전화 불친절(신속성, 사적 통화, 어감, 태도)

(8) 사람을 시험물, 상품 취급(인간미, 예의 범절, 도덕성, 에티켓)

(9) 복장, 환경 등의 불결(진료실 : 타환자 동시 대기, 비밀 노출, 감염)

(10) 입퇴원시 수속 절차 복잡

Ⅱ 의료 기관의 서비스 개선

1. 안락하고 투명한 환경
  (궁금증 해소)

2. 환자를 위한 직장인상 정립
  (의사, 간호사, 직원의 3위 일체→한 방향)

이 순간에도 환자를 위해 일하고 있는가?

3. 친절한 병원 분위기(정신적 치료)

- 친절 봉사의 1인자
- 5S(Stand up, See, Smile, Speed, Skinship)의 생활화
- 인간미, 도덕성, 예의 범절, 에티켓

4. 시테크 서비스(초관리)

- 신속한 동작, 업무 처리

- 입원 여부의 조기 결정(응급실 관리)
- 당일 검사, 당일 통보
- 특약 시간의 단축(외래 약국 분산 운영)
- 통원 치료

1초를 소중히

5. 편의 시설 확충

(슈퍼마켓 등)

6. 감동 주는 서비스 정착

(MOT, ABCD 서비스 – 생애에 좋은 영향)

- 참사랑(내 가족처럼)
- 진실의 순간(MOT)
- ABCD 서비스
- Phone call 서비스

눈을 즐겁게, 귀를 즐겁게, 마음을 즐겁게

III 의료 고객의 응대 요령

1. 원 무

- 어서 오십시오.
- 감사합니다. 접수 담당 _____입니다.
- 어느 과로 접수하여 드릴까요?
- 진찰료는 _____입니다.
- ○○○는 _____에 있습니다.
- 고맙습니다(감사합니다).
- 안녕히 가십시오(건강하십시오).

2. 병동 간호사

- 감사합니다. ○○병동 간호사 ○○○입니다.
  (감사합니다. 안녕히 계십시오.)
- 어서 오십시오.
- 예, 알겠습니다.
- 죄송합니다만……

- 고맙습니다(감사합니다).
- 안녕히 가십시오(건강하십시오).

※어느 부위에 주사해 드릴까요? 잘 참아 주셔서 감사합니다.

3. 외래 간호사

- 어서 오십시오.
- 감사합니다. ○○과 ○○○입니다(감사합니다. 안녕히 계십시오).
- 오래 기다리게 해서 죄송합니다(죄송합니다만……).
- 호명되시는 분은 진찰실 안으로 들어와 주시면 고맙겠습니다.
- ○○○님, 들어와 주시겠습니까?
- 예, 알겠습니다.
- 고맙습니다(감사합니다).
- 안녕히 가십시오(건강하십시오).

※어느 부위에 주사해 드릴까요? 잘 참아 주셔서 감사합니다.

친절이 최상의 치료이다

4. 일반 행정

- 감사합니다.
- ○○과 ○○○입니다(감사합니다. 안녕히 계십시오).
- 어서 오십시오.
- 저희 병원을 찾아 주셔서 고맙습니다.
- 무엇을 도와 드릴까요?
- 예, 알겠습니다.
- 죄송합니다.
- 죄송합니다만…….
- 고맙습니다(감사합니다).
- 안녕히 가십시오(건강하십시오).

5. 의사

- 어서 오십시오.
- 어디가 편찮으십니까?
- 어떻게 편찮으십니까?
- 안녕히 가십시오.
- 건강하십시오.

※ 의료 고객의 최종 접점(MOT)은 의사이다. 의사의 대하는 모습에 병을 고치기도 하고 얻기도 한다.

보험 회사의 친절 서비스 혁신

I 시장 개척 요령

1. 시장 개척의 필요성

(1) 시장 변화

- 생활 설계사의 44.7%가 시장과 상가에서 개척 활동을 하고 있다.

시 장 별	시장·상가	주 택	직 장	기 타
점유 분포(%)	44.7%	20.2%	14.9%	12.3%

〈생활 설계사의 주요 개척 시장〉

(2) 시장 개척의 필요성

- 표준 활동의 습관화
- 활동량 증대에 따른 소득의 배가 기능
- 유망 고객을 많이 만나고 확보할 수 있음
- 실전 경험이 축적되어 화법 및 설득력 향상
- 안정된 기반에서 활동 가능

2. 개척과 기존 모집 활동 비교

기존 모집 활동	개척 활동
(1) 연고 모집 중심 • 확실한 시장이 없다. • 방문 대상 선정 곤란 • 동분서주형으로 분위기 조성 무리 • 연고 모집 중심 • 연고 고갈로 방문 공포증 누적 • 체면 위주 계약으로 유지 불량	**(1) 확실한 자기 시장이 있다.** • 방문 대상이 명확하여 개척이 용이 • 판매 기술의 단기간 습득에 따라 방문 공포증이 해소 • 소규모 지구이므로 분위기 조성이 쉽다. • 규모에 맞는 설계 판매로 양질 계약 확보
(2) 무계획적 활동 전개 • 시간 계획 수립의 어려움 • 불규칙한 활동으로 약속 이행 곤란 • 연고 중심의 호소(구걸) 판매	**(2) 계획적 활동 가능** • 시간 계획에 의한 방문 활동 가능 • 매일 귀소로 활동 분석 용이 • 매일 귀소로 활동 분석 가능 • 고객 정보 중심의 설계 판매 가능
(3) 불규칙한 활동량 • 방문 건수의 기복이 심하다. • 월말 편중 현상 야기 • 육체적 피로 누적 • 시간, 경비의 낭비	**(3) 활동량 증대** • 방문 예정 고객의 집중으로 방문 건수 증가 • 평준화된 월간 활동 가능 • 육체적 피로 경감
(4) 유망 고객 확보 곤란 • 많은 시간에 소수 고객 면담 • 지속적 사후 관리에 어려움 수반 • 지역간 격차로 연쇄 소개 곤란	**(4) 유망 고객 확보 용이** • 일정 시간에 다수 고객 면담 추진 가능 • 유망 고객에 대한 지속적 사후 관리 용이 • 동일 지역 내 연쇄 소개 가능
(5) 비정기적 서비스 활동 • 수금 월말 편중 현상 • 불충분한 서비스로 생산성 증대가 어렵다.	**(5) 정기적으로 사전 사후 서비스 체제 확립** • 계약 응당일 수금 • 완벽한 서비스 활동으로 생산성 증대

3. 시장 개척시 주안점

(1) 사전 준비 자료
- 세일즈북
- 명함
- 판촉 자료
- 앙케이트
- 봉사품 등

(2) 시장 · 상가의 특징
1) 급여 생활자에 비해 수입이 많고, 많은 현금이 회전되므로 고액 계약 체결의 가능성이 높다.
2) 저축에 대한 열의가 강하다.
- 사업 확장(매장의 확장. 큰 점포 임대 등)을 위하여 목돈을 필요로 한다.
- 경기 변동 및 불황에 대비하기 위하여 저축이 필요하다.
- 항상 시간에 쫓겨 돈 쓸 기회가 없기 때문에 저축을 권유하기 쉽다.
3) 건강에 대한 관심
- 건강이 곧 재산이라는 생각을 많이 하지만 바쁜 생활로 병원에 자주 가지 못한다.

4) 보장에 대한 욕구
  • 사업상 불의의 사고 발생 가능성이 높고
  • 일반 직장 생활자에 비해 보장이 없으므로
  • 가족의 생계, 자녀 교육 및 사업 지속을 위한 보장 욕구가 강하다.
5) 노후에 대한 관심
  • 일반 회사의 퇴직금과 같은 별도의 노후 자금이 없다.
  • 젊어서 고생을 많이 함으로 노후에 안락하고 여유 있는 생활에 대한 욕구가 강하다.
6) 자녀 교육에 대한 열의
  • 시장 · 상가의 자영업자들은 비교적 많은 교육을 받지 못한 사람으로 자녀 교육에 대한 집념이 강하다.

(3) 활동상의 이점
  • 대규모 집단, 많은 고객을 짧은 시간 내 매일 방문 가능
  • 항상 열려 있으므로 접근이 용이
  • 연고 모집 활동의 한계를 극복하고 신인 설계사들이 갈 곳을 부여할 수 있음
  • 경제권(계약 결정권)을 가진 사람을 만날 수 있음
  • 현금 유통이 많은 곳으로 고액 계약 체결이 가능
  • 안정적이고 확고한 활동 기반 마련 가능

(4) 고객 성향

- 계산이 철저
- 항상 바쁨
- 상황 판단이 뛰어나고 눈치가 빠름
- 경쟁 의식이 강함
- 업종별로 조직화되어 있음
- 매상에 민감
- 신용을 중시 여김
- 부지런함
- 의심이 많음
- 검소함
- 자수성가한 사람이 많음
- 교육 수준이 낮음
- 부부 경영이 많음

4. 시장·상가의 개척 요령

준 비

(1) 활동 지역 예비 조사

- 활동 지역의 지역도와 현지를 비교 확인
- 정보를 수집할 수 있는 곳을 찾는다.

- 예비 조사를 위한 협력자 발견
- 예비 조사한 내용 수집
- 활동 지역도를 수정 · 보완 작성

(2) 방문 계획 수립

- 예비 조사한 내용을 기초로 방문 계획 수립
- 수립한 방문 계획을 한눈에 알 수 있도록 정리

접 근

(1) 앙케이트 제시

- 고객과 직접 면담때 공동 작성
- 고객 부재시 인사장과 함께 앙케이트 투함
- 경우에 따라 초면 인사로 끝내도 무방

(2) 앙케이트 회수 및 감사 인사

- 앙케이트가 작성되었을 경우 감사 인사 및 감사 용품 전달
- 회수된 앙케이트를 토대로 고객 카드 등록 정리
- 앙케이트 미작성시 새로 꺼내 고객과 공동 작성
※앙케이트 제시는 1일 방문 자료를 먼저 수차례 전달 후 하는 것이 좋음.

앙케이트 작성시 유의 사항

- 시장 특성을 파악하고 있어야 한다.
- 한꺼번에 대량으로 앙케이트를 받지 않는다.
- 가능한 한 직접 면담하면서 작성한다.
- 한 사람에게 처음부터 많은 시간을 할애하지 않는다.
- 앙케이트 회수시 주변 정보 파악에도 게을리하지 않는다.
- 앙케이트 작성에 거부감을 느낄 경우 바이오 리듬 등으로 유도하여 편안한 마음으로 작성토록 한다.

친 숙

- 앙케이트에 의한 기초 자료를 토대로 친숙 자료 준비
- 친숙 자료를 방문 매개체로 하여 친밀도를 높여 간다.

상 담

(1) 생활 설계서 작성
- 생활 설계서 설명 및 생명 보험 니드 파악
- 고객 니드에 맞는 상품 선정

(2) 가입 설계서 작성
- 가입 설계서를 상품 안내장과 함께 제시하며 설명
- 고객이 납득하면 체결 화법 시도
- 고객이 수용하지 않으면 수정

체 결

• 수정된 가입 설계서 제시 및 체결

사후 봉사

• 체결 후 계속적인 고객 관리로 협력자 만들기

5. 직장 개척 방법

(1) 직장 개척의 의의

회사가 보험 판매에 적극 참여하며, 대상 직장을 선정하여 직장 시장 침투 계획을 수립하고, 생활 설계사에게 기반 부여 및 정보 수집, 유지 관리 등 합리적인 점포 운영 관리를 통하여 인구 밀집 지역인 직장을 적극적으로 침투하여 개척하고자 하는 방법이다.

(2) 직장 개척의 필요성

• 연고 시장의 한계성
• 사람은 누구나 어떤 집단에 관련되어 있음
• 효율적인 판매 활동의 전개 가능
• 유망 고객의 보고(寶庫)로서 무한한 시장성을 지님

(3) 직장 개척의 특징

1) 생활 설계사에게 활동 기반(시장) 부여를 통한 정착률을 높일 수 있음
2) 유망 고객의 질이 좋고 풍부
   - 일정 수입과 가정의 의사 결정권을 가진 많은 유망 고객이 모여 있음
   - 직장을 중심으로 판매 영역을 다방면으로 넓힐 수 있음
3) 판매가 용이
   - 사전 조사와 정보 수집이 용이하므로 고객의 니드 발견이 쉬움
   - 일시에 다수의 유망 고객을 배양
   - 봉급 인상이나 보너스 지급 등으로 인한 추가 계약이 가능
4) 활동이 용이
   - 신계약과 수금을 동시에 할 수 있다.
   - 한 장소에서 많은 사람을 상대하기 때문에 같은 노력으로 많은 성과를 올릴 수 있다.
   - 교통비를 절약할 수 있음
   - 협력자, 기계약자를 활용할 수 있어 활동상 유리하다.
5) 안정된 직장과 소득 보장

II 초방시 접근 · 거절 화법

1. 접근 화법

(1) 고객 접근용 자료
- 앙케이트
- 체질 안내
- 살며 생각하며
- 1일 방문 자료
- 꿈동산 동화 동산

(2) 고객 접근시 주안점
1) 면담 시간을 짧게 한다.
   - 고객의 마음은 생활 설계사를 만난 지 30초 안에 반은 결정되므로 초회 방문시 접근 화법을 올바로 실행해야 한다.
2) 고객에게 무엇을 해줄 것인가 연구한다.
   - 주고받는 떳떳한 관계가 되도록 고객에게 관심을 보인다.

3) 방문을 사전에 말한다.

- 고객이 안심하고 마음의 문을 열 수 있도록 사전에 전화를 걸어 방문 약속을 받아 놓는다.

4) 적절한 시기에 방문한다.

- 고객의 직업 상태를 고려하여 분주한 시기나 손님 접대 시기는 가급적 피하고 여유 있는 시간을 파악한 후 방문한다.

5) 일상적인 화제로 대화를 시작한다.

- 고객과 호흡을 같이 할 수 있는 화제를 선택하여 고객의 주의력을 자신이 의도한 대로 집중시킨다. 상품 설명은 재방 이후에 실시하도록 하는 것이 좋다.

6) 거절 처리 방법을 연구한다.

- 고객이 냉담, 무관심, 거부 등의 반응을 나타낼 때는 너무 적극적으로 설득하려 하지 말고 차후 방문하겠다는 인사와 더불어 방문 약속을 받아낸 후 정중히 물러나는 것이 좋다. 그리고 왜 거절 반응을 나타냈는지 연구한 후 재방문시 해결하도록 한다.

7) 라이프 사이클과 생활 설계에 대한 기대감을 불러일으킨다.

- 항상 생활 설계를 기초로 한 화법을 전개하면서 그의 필요성을 주지시킨다.

(3) 초방시 접근 화법

첫인사

1) 안녕하세요(처음 뵙겠습니다).
   저는 ○○시장(○○상가)을 담당하는 ○○생명 생활
   설계사 ○○○입니다.
2) 안녕하세요(처음 뵙겠습니다)
   저는 ○○생명 ○○영업소의 생활 설계사 ○○○입니다.
3) 처음 뵙겠습니다.
   ○○○사장님(선생님)으로부터 소개받은 ○○생명 ○
   ○○입니다(소개장이나 소개한 사람의 명함을 제시하고
   그 다음 자기 소개서를 제시하며). 저희 회사는 금월부터
   ○○상가를 봉사 지역으로 선정했습니다.
4) 처음 뵙겠습니다.
   ○○상회 ○사장님으로부터 소개받은 ○○생명 생활
   설계사 ○○○입니다. 제가 이 상가 담당 사원으로 배
   정되었습니다. 언제라도 성실히 봉사하겠습니다.

방문 목적을 물을 때

• 예, 저희 회사가 지금껏 고객 봉사에 부족한 점이 많았

습니다. 그래서 ○○상가를 특별히 이 달부터 봉사 지역으로 선정하였습니다. 바쁘실 때는 언제라도 불러주시면 성심 성의껏 심부름해 드리겠습니다.

면담을 거절할 때

• 사장님 바쁘신 데 방해해서 죄송합니다. 다음에 또 찾아 뵙겠습니다. 안녕히 계십시오(아주 흔쾌히 다음에 방문하겠다는 인사와 함께 명함과 판촉 자료를 남기고 물러선다).

봉사품을 전달할 때

기념이 될 만한 봉사품 그리고 다음 방문의 거절을 방지할 수 있는 다양한 기념품을 제공한다.
• 볼펜 : 사장님, 메모지와 볼펜은 항상 제가 준비하겠습니다.
• 서류 파일 : 사장님, 중요한 서류는 이 파일에 보관하세요. 필요하시면 얼마든지 준비해 오겠습니다.
• 메모지 : 사장님, 메모 용지입니다. 항상 전화기 옆에 두시고 사용하세요.

• 반짇고리 : 사모님, 예쁜 반짇고리입니다. 가게에도 비
    상용으로 필요하실 거예요.

2. 거절 화법

(1) 거절 처리의 필요성
고객이 상품을 구입함에 있어 그 상품에 대해 필요성을
느낄 때까지 부정적인 태도를 보이는 것을 말한다. 거절
은 의례적인 인사말이자 낯선 사람에 대한 조건 반사적인
반응이기 때문에 이에 대한 처리는 반드시 필요하다.

(2) 거절의 원인
• 처음 만나는 사람에 대한 경계심
• 업무 처리에 따른 방해 요소(귀찮음)
• 무관심에서 오는 습관적인 거절
• 생활 설계사들의 다양하지 못한 활동 패턴에 대한 식상
• 기존 활동 생활 설계사에 대한 의리
• 상사의 눈치
• 보험에 대한 부정적인 생각
• 이미 많은 보험에 가입하고 있는 고객
• 경제적인 이유

(3) 접근 단계에서의 행동 점검

- 상품에 대한 자신감을 갖고 판매 활동에 임하고 있는가.
- 거절당하는 일에 구애받지 않고 적극적으로 행동하고 있는가.
- 첫인상의 중요함을 알고 고객의 주의와 흥미를 끌고 있는가.
- 새로운 일에 도전하는 용기와 결단력을 가지고 있는가.
- 사전에 방문 회사에 대한 정보를 알고 있는가.
- 고객의 반응에 맞추어서 기민하게 행동하고 있는가.
- 다음 방문에 연결되도록 고객으로부터 신뢰를 얻고 있는가.

(4) 거절에 임하는 기본 정신

판매는 거절을 당했을 때 비로소 시작된다

- 고객의 말을 참을성 있게 경청한다.
- 성실로 일관해야 한다.
- 판매 자체에 결함이 있는가를 반성한다.
- 감정에 끌리지 말고 냉정한 자세를 유지한다.
- 상대방과 논쟁하지 않는다.
- 거절이 내포하는 의미를 알아낸다.

- 거절 자체에 너무 집착하지 않는다.
- 반대 의견에 대항하지 말고 경청한다.
- 주도권을 상대방에게 빼앗기지 않도록 한다.

3. 고객 응대 화법

(1) 앙케이트 작성시 응대 화법

질문 유형	응대 화법
• 이것 작성해 주면 보험들라고 하지 않느냐.	"그렇지 않습니다. 보험 인식을 파악해 보기 위한 참고 자료에 불과합니다. 전혀 부담 갖지 마세요."
• 이것은 왜 받아 가느냐.	"새로운 상품을 개발하기 위한 참고 자료입니다." "국민들의 보험에 대한 인식 정도를 파악하기 위한 것입니다."
• 이것 작성해 주면 뭐 주느냐.	"예, 드려야죠." "네, 다음 방문시 '작지만 큰 정성'을 드리겠습니다."
• '가족 사항' 부분 등의 질문을 회피할 때	"가족 사항을 알려 주시면 컴퓨터에 의한 바이오 리듬, 토정비결, 사랑의 별자리, 혈액형 비밀을 받아 보실 수 있습니다."
• '월수입', '월생활비' 등의 질문을 회피할 때	"이 부분을 알려주시면 컴퓨터에 의한 선생님 가정의 생활 설계를 받아볼 수 있습니다."

(2) 접근 단계에서 주요 거절 유형 및 응대 요령

거절 유형	응대 화법
• ○○생명은 처음 듣는데요.	"우리 ○○생명은 고객의 이익을 위해 봉사하는 6대 생보사 중 하나입니다."
• 보험은 싫어요.	"그 이유를 조사하기 위해 이렇게 방문했습니다."
• 일에 방해가 됩니다.	"제가 좀 도와 드릴까요?"
• 생명보험이 무엇입니까?	"생명 보험은 재산 증식, 위험 보장, 노후 설계 등 1석3조의 역할을 해주는 종합 금융 보험입니다."
• 이미 가입했어요.	"보험 가족을 만나 반갑습니다. 참 잘하셨습니다. 무슨 보험에 가입하셨습니까?"
• 우리 집에 오는 사람이 있어요.	"여러 회사와 거래하는 것이 훨씬 안전합니다(위험 분산주의)."
• 다음에 오세요.	"그러면 이것 좀 받아주시고 내일 ○시쯤 오면 될까요?"
• 왜 이리 많이들 찾아오느냐.	"보험이 생활 필수품이기 때문입니다."

2 부록

고객 감동 행동 혁신의 일반 원칙

I 고객 감동 15의 5원칙

(The 5 Principles of 15 for Customer Emotion)

1. 호감받는 모습의 5요소

① 밝은 눈빛

② 밝은 표정

③ 밝은 음성

④ 세련된 매너, 에티켓

⑤ 단정한 용모, 복장

2. 고객 감동 매너의 5요소

① 인사

② 표정

③ 언어

④ 태도

⑤ 용모, 복장

3. 인사의 5원칙

① 인사는 내가 먼저
② 상대를 바라보며
③ 밝은 표정 큰 목소리로
④ 정성을 담아서
⑤ 상황에 알맞게

4. 표정 연출의 5원칙

① 밝은 표정
② 부드러운 표정
③ 얼굴 전체가 웃는 표정
④ 뒷모습이 웃는 표정
⑤ 생기 있는 표정

5. 언어 구사의 5원칙

① 고운말
② 표준말
③ 이해하기 쉬운 말
④ 정성이 담긴 말

⑤ 상황에 알맞는 말

6. 대화 방법의 5원칙

① 바른 자세로
② 상대를 바라보며
③ 긍정적인 생각으로
④ 끝까지 경청하며
⑤ 상황에 알맞게

7. 언어 표현의 5원칙

① 밝은 눈빛
② 밝은 표정
③ 밝은 음성
④ 밝은 내용
⑤ 밝은 마음

8. 고객 접점 요원의 태도 5원칙(5S)

① 일어선다(Stand up)
② 상대의 눈을 바라본다(See)

③ 미소를 띤다(Smile)

④ 민첩하게 행동한다(Speed)

⑤ 상황에 알맞는 스킨쉽을 한다(Skinship)

9. 이미지메이킹 기본의 5요소

① 사람을 소중히

② 만남을 소중히

③ 칭찬을 소중히

④ 자존심을 소중히

⑤ 신뢰를 소중히

10. 이미지 전달의 5요소

① 단정한 용모복장

② 호감주는 표정

③ 생기 있는 음성

④ 감동을 주는 언어 디자인

⑤ 세련된 매너

11. 습관 변화의 5원칙

① 인식
② 의욕
③ 기량
④ 인내
⑤ 건강

12. 전화 응대의 5원칙

① 신속
② 정확
③ 간단
④ 정중
⑤ 미소

13. 전화 수화의 5원칙

① 벨이 울리면 즉시
② 왼손으로 수화기, 오른손으로 메모 준비
③ 인사말과 정중한 태도
④ 성의 있는 용건 처리

⑤ 종료 인사말과 태도

14. 전화 송화의 5원칙

① 용건 준비
② 왼손으로 수화기, 오른손으로 다이얼링
③ 신분을 밝히고 상대 확인
④ 성의 있는 용건 처리
⑤ 종료 인사말과 태도

15. 복장 착용의 5원칙

① 수치가림
② 신체보호
③ 남과 어울림
④ 아름다움
⑤ 이미지 창조

Ⅱ 고객 감동 5의 10강령

(The 10 Points of 5 for Customer Emotion)

1. 고객을 위한 10계명

① 고객은 우리 사업에 가장 중요한 인물이다.

② 고객은 우리가 의지하고 있는 것이지, 고객이 의지하는 것은 아니다.

③ 고객은 우리 사업의 목적이지 훼방자가 아니다.

④ 고객은 우리에게 혜택을 줄 뿐 우리의 서비스가 고객에게 혜택을 주는 것은 아니다.

⑤ 고객은 우리 사업의 일부이지 국외자가 아니다.

⑥ 고객은 단순한 통계 대상자가 아니라 살과 피를 지닌 인간이다.

⑦ 고객은 논쟁의 대상도 희롱의 대상도 아니다.

⑧ 고객은 우리에게 소원을 말하고 그 소원을 채우는 것이 우리의 일이다.

⑨ 고객은 우리의 예절과 대접을 최고 수준으로 받을 권리가 있다.

⑩ 고객은 우리의 월급을 지급하는 사람이다.

2. 평생고객 창조의 10대 경어

① 안녕하십니까(안녕하세요)?
② 어서오십시오(반갑습니다).
③ 무엇을 도와드릴까요?
④ 감사합니다(고맙습니다).
⑤ 죄송합니다(미안합니다).
⑥ 실례합니다.
⑦ 제게 도와 드리겠습니다.
⑧ 덕분입니다.
⑨ 축하드립니다.
⑩ 부탁드립니다.

3. 효과적인 판매의 10가지 단계

① 대기
② 접근
③ 응대
④ 상품 제시
⑤ 상품 설명

⑥ 결정

⑦ 입금

⑧ 표장

⑨ 인계

⑩ 전송

4. 고객 감동 이미지 창조의 10계명

① 첫인상을 소중히 한다.

② 용모 복장을 단정히 한다.

③ 밝은 표정과 얼굴 전체의 미소를 짓는다.

④ 눈으로 말하고 가슴으로 경청한다.

⑤ 귀로서 일하고 손으로 웃는다.

⑥ 인간미, 도덕성, 예절을 갖춘다.

⑦ 눈높이를 같이 하고 민첩하게 행동한다.

⑧ 오는 사람 반갑게, 가는 사람 인상깊게 대한다.

⑨ 관심과 칭찬을 습관화한다.

⑩ 매순간 최우수 주연상을 받을 수 있는 이미지를 창조한다.

5. 전화 응대의 10대 강령

① 왼손에 수화기를 들고 오른손으로 메모한다.

② 벨이 울리면 신속히 받는다.

③ 말씨는 부드럽고 친절하게 한다.

④ 상대의 말을 끝까지 경청하며 의중을 정확히 파악한다.

⑤ 성의 있고 책임 있게 답변한다.

⑥ 신속, 정확, 간단하게 메시지를 전달한다.

⑦ 바른 자세, 밝은 표정, 밝은 음성으로 통화한다.

⑧ 처음과 끝에는 인사말을 반드시 한다.

⑨ 상대가 먼저 끊은 후 나중에 전화기를 놓는다.

⑩ 전화 기능을 숙지하여 실수를 하지 않는다.

3
부록

외식산업 현장 밀착형 친절서비스

I. 외식산업MOT별 고객감동
   친절서비스

II. 외식업 위생서비스 매뉴얼

I 외식산업 MOT별 고객감동 친절서비스

1. 「○○○○」의 이념

● 「○○○○」의 소개

입사를 축하합니다.

오늘부터 「○○○○」의 새로운 동료로서 맞이하게 됨을 무척 기쁘게 생각합니다.

부디 가능한 한 오랫동안 같이 일해 주십시오.

「○○○○」은 음식점 업을 하고 있지만 음식점 업이란 단지 요리와 돈의 교환만을 목적으로 하는 것은 아닙니다.

음식점 업의 중요한 요소로서는 〈요리〉, 〈서비스〉, 〈분위기〉의 3요소를 들 수 있고 이 3요소 전부가 갖추어지지 않으면 손님에게 만족을 드릴 수 없습니다.

또 이 3요소를 형식만 흉내내도 진정한 음식점이라고 할 수 없습니다. 음식점 업은 사람과의 만남을 중요하게 하는 것으로부터 시작됩니다. 사람과의 만남이란 만남 그 자체만으로 좋다고 하는 것이 아닙니다.

사람과의 만남은 무한의 가능성을 갖고 있으며 훌륭한 사람은 그만큼 더 넓어집니다.

음식점 즉 서비스업의 기본은 사람과 사람의 만남에 있는 것입니다.

서비스업의 원점은 어떻게 하면 손님에게 만족을 드릴 수 있는가를 추구하는 것입니다. 거기에는 자신을 생각하기 전에 상대방을 생각해야 합니다.

이렇게 하면 돈을 번다고 생각하고 운영하는 기업은 반드시 망하고 맙니다.

우리는 여러 가지 일들의 경험에서 '상대방이 있으므로 자신도 존재한다'라는 생각을 가지고 있습니다. 자기가 바라는 만큼 모든 사물을 남에게 행하고 결코 자기가 바라지 않는 것은 남에게 행하지 않는 것이 중요합니다.

그러기 위해서는 손과 득으로 사물을 판단해서는 안 됩니다. 손과 득이 아니라 선과 악으로 생각하는 것이 필요합니다. 손과 득보다는 선과 악이라는 생각으로 손님에게 대하는 것이 손님에게 만족을 드리는 것이 됩니다.

「○○○○」은 손과 득이 아니고 선과 악에서 생각하는 기업이라는 것을 잊지 말아 주십시오.

외식산업은 지금 치열한 경쟁 시대에 접어들고 있습니다. 외식업은 손님에게 행하는 봉사의 대가를 받는 사업입니다.

사람과 사람의 만남이 있는가. 마음과 마음의 만남이 있는가. 손님의 기쁨을 자신의 기쁨이라고 느낄 수 있는가, 즉 이러한 서비스 정신의 여부가 사업의 생명입니다. 많은 점포 중에서 「○○○○」을 찾아주신 손님에게 진심으로 '감사 드립니다'라고 하는 「○○○○」의 마음이 있는 한 저들의 앞날은 밝아질 것입니다.

'저의 희망은 음식점 업을 통해서 부모와 자식, 친구와 친구, 사람과 사람과의 만남의 장을 제공하는 것입니다. 그리고 잊혀지고 있는 본래의 식사 외 즐거움을 제공하려고 생각하고 있습니다. 오늘 입사하신 여러분이 이런 「○○○○」의 경영 이념을 이해하시고 지역의 손님들에게 기쁨을 줄 수 있는 음식점 분위기 조성에 참가하실 것을 바라마지 않습니다. 아래의 「○○○○의 안내」는 여러분이 매일 근무 중에 최소한 알아야 할 항목에 대해서 간추린 것입니다. 매일의 일을 서로 책임을 갖고 기분 좋게 즐겁게 행하기 위하여 이 안내서에 적혀 있는 내용을 잘 이해하시고 빨리 몸에 익히도록 해 주십시오.'

● 「○○○○」의 마음

저희들 「○○○○」이 가장 중요하게 여기고 있는 것은 올바른 마음입니다. 거짓, 속임, 위선이 없는 마음의 자세에서 모두 출발해야 합니다. 범사에서 상대방을 먼저 생각합니다.

'자신의 일은 나중에 생각합니다.'라는 것은 바꿔 말하면 상대방의 기쁨을 나의 기쁨이라고 생각한다, 손님의 입장에 서서 생각한다는 것이고, 음식점업=서비스업의 기본적인 원점인 것입니다.

언제나 변함 없는 「○○○○」의 정신과 높은 이미지를 유지하고 고객을 만족과 풍요의 장으로 안내해 드리고자 하는 것이 「○○○」

의 마음입니다.

● 점훈

1. 오늘 하루도 많은 점포 중에서 「○○○○」를 찾아
   주신 고객에게 진심으로 감사 드립니다.

2. 오늘 하루도 밝고 명랑하게 누가 보아도 부끄러움
   이 없는 행동을 하도록 맹세합니다.

3. 오늘 하루도 주문의 많고 적음을 차별하지 않으며
   모든 고객에게 후회 없는 봉사가 되도록 노력합시
   다.

4. 오늘 하루도 주어진 재료와 시설 및 비품을 현금과
   마찬가지로 소중히 취급합니다.

5. 오늘 하루도 주어진 나의 일을 완수하며 불필요한
   잡담과 행동은 엄중히 삼갑니다.

• 하루의 업무는 이 점훈으로부터 시작됩니다. 점훈은 모든 마음
  가짐에 대해 설명되어 있습니다. 회사에 있어 일이란 당연한
  것이지만 이 점훈은 사회 생활을 영위함에 있어서 대단히 중
  요한 것입니다.
  이상을 이해하고 삼가 일상 생활에서 실천합시다.

● 서비스의 5가지 마음가짐

1. '예'라고 하는 순응하는 마음
2. '제가 하겠습니다.'라고 하는 봉사의 마음
3. '감사합니다.'라고 하는 감사의 마음
4. '죄송합니다'라고 하는 반성의 마음
5. '덕분입니다.'라고 하는 겸허의 마음

인사는 생활화되어야 합니다.
가득 담긴 표정으로 밝고 정확한 발음으로
인사하는 연습을 늘 해야 합니다.

● 접객 10대 용어

1. 어서 오세요. 몇 분이십니까?
2. 예, 잘 알겠습니다.
3. 감사합니다.
4. 실례합니다.
5. 잠시만 기다려 주십시오.
6. 오래 기다리셨습니다.
7. 몇 분이십니까.
8. 이쪽으로 오십시오.
9. 죄송합니다.
10. 감사합니다. 또 오십시오.

● 「○○○○」기본 요건 10항목

1. 인사는 서로 유쾌한 목소리로 합니다.
2. 항상 기다리는 입장을 이해하고 신속한 행동합니다.
3. 손님의 불평은 대소를 불문하고 신속히 보고합니다.
4. 복장은 수시로 확인합니다.
5. 손은 항상 청결히 씻습니다.
6. 주위 환경을 항상 청결히 합니다.
7. 사원간에는 항상 존칭어를 씁니다.
8. 정해진 시간을 지킵니다.
9. 항상 절약의 정신을 갖습니다.
10. 항상 사용한 물건을 정위치에 놓습니다.

● 성공 점포의 6가지 기본 항목

우리의 목적은 '손님의 마음을 만족시키는 것'입니다. 그러기 위해서 당신의 미소·말씨·동작이 모두 프로여야 합니다.

우리의 일은 매우 가치 있는 일입니다. 몇 천, 몇 만 명과 만나고 이야기할 수 있기 때문입니다. 무엇보다도 사람에게 기쁨을 주고 감사를 받는 일입니다. 손님은 우리에게 즐거움과 편안함을 기대합니다. 즐거움과 편안함을 손님에게 쾌히 제공하는 것이 당신의 임무이

기도 합니다.

손님에게 언제든지 미소로 답하며 프로로서 서비스해야 합니다. 손님은 당신의 활짝 웃는 미소와 산뜻한 옷차림, 활기차게 일하는 모습을 보며 무언가를 느낄 것입니다. 손님을 기쁘게 하고 만족시키는 것은 당신에게 대단한 즐거움과 감동이 될 것입니다. 상냥하고 경쾌한 직원이 사려 깊은 배려를 하면서 손님에게 접대를 하면 최고의 서비스를 할 수 있습니다.

이런 점포라면 "또 오고 싶다"는 생각이 들 것입니다.

'당신은 단순한 운반자가 아닙니다. 손님은 당신의 정성스러운 요리와 따뜻한 배려에 대한 대가로 돈을 지불하는 것입니다.'

손님이 내 점포를 선택하고 번성하는 데는 6가지 기준이 있습니다.

---

1. 활기가 넘치고 즐거운 분위기
2. 항상 깨끗하며 청결할 것.
3. 메뉴의 맛에서 느낄 수 있는 즐거움이 있을 것.
4. 가격이 상품, 점포 전체에 대해 맞을 것.
5. 보기 좋을 것.
6. 고도의 접객과 느낌이 좋은 직원(종업원 교육의 충실)

접객 서비스만큼 보람이 있고 인간을 성장시키는 일은 없다고 생각합니다. 점포는 당신이 인간 형성을 위한 수행장이라고도 할 수

있습니다.

우리들과 함께 훌륭한 인간으로 성장하고 점포를 당신의 팬으로 가득 차게 만들어 보도록 노력해 보십시오.

● 바람직한 접객 베스트 9

1. '어서오십시오'라고 밝게 환영할 것.
2. 상품을 제공할 때 손님의 입장에서 한다.
3. 부르면 밝은 미소로 대답한다.
4. 손님을 공평하게 접객한다.
5. 기민한 행동으로 서비스한다.
6. 항상 청결감을 준다.
7. 손님의 불평, 소문에 귀를 기울인다.
8. 잡담을 삼가고 손님에게 배려한다.
9. '감사합니다. 또 오십시오'라고 감사의 마음을 늘 전한다.

● 첫인상의 3 Point

표정·말씨·복장을 통해 손님에게 좋은 첫인상을 주어야 합니다. 패밀리만의 노하우인 첫인상 3포인트를 지적하면 아래와 같습니다.

1) 밝은 미소

밝은 미소를 지으려면 평소에 건강에 주의하고 밤을 새거나 음주를 해서 피로가 쌓이지 않게 한다. 내 개인 사정으로 손님에게 불쾌감을 주지 않도록 노력하고 밝은 미소를 짓도록 노력한다.

2) 느낌이 좋은 인사

손님이 내점할 때 "어서 오십시오"라고 밝고 큰 목소리로 인사하는 것에서 모든 것이 시작된다고 해도 과언이 아니다. 그만큼 중요한 포인트다. 누군가 "어서 오십시오"라고 인사하는 소리가 들리면 무엇을 하든지 함께 "어서 오십시오"라고 밝고 큰 목소리로 말한다.
친밀감을 가지는 것이 중요하다.

3) 청결한 복장, 몸가짐

아무리 멋진 유니폼을 입고 있어도 단추가 떨어졌거나 옷소매나 깃이 더럽다면 소용이 없다. 머리가 지저분하거나 신발이 더러워도 불결한 인상을 준다. 손님에게 불쾌감을 주지 않게 평소에 거울을 보고 체크한다. 늘 거울을 보는 습관을 갖도록 한다.

2. 하루 일의 흐름과 기준

가. 하루 일의 흐름과 기준

● 하루 일의 흐름

연　　락 : 지각할 것 같을 때, 출근이 어려울 때

출근

인　　사 : 안녕하십니까?
옷갈아입음 : 복장, 몸차림의 규칙 참조
조　　례 : 점훈, 다섯 가지 마음의 제창 외

근무개시

작 업 지 시 : 작업 분장, 작업 지시가 있습니다. 이것이 오늘의
　　　　　　당신의 일입니다. 매일 같은 일의 경우에는 오늘
　　　　　　의 중점 또는 변경된 부분만으로 나머지는 생략
　　　　　　되는 경우도 있습니다.
보　　고 : 명해진 일이 끝났을 때는 필히 보고합니다.명해진

일이 지시된 시간 내로 끝나지 않았을 경우에도
마찬가지입니다.

손님으로부터의 불평은 자신이 판단하지 말고 전
부 보고합니다.

칭찬 받은 때도 마찬가지입니다. 물건을 부수거나
설비나 시설의 미비 사항도 보고합니다.

허　　　가 : 근무시간을 변경하는 때, 휴식(식사를 포함), 외출,
　　　　　　근무시간 중의 면회 등

전　　　언 : 근무가 끝났을 때 또는 허가 유무를 불문하고 직장
　　　　　　을 떠날 때는 연락을 취해서 필요한 사항을 전
　　　　　　언합니다.

근무　종료 : 옷 갈아입음

인사 : 수고하셨습니다. 먼저 실례하겠습니다.

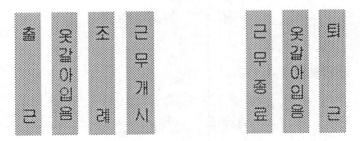

출근　　옷갈아입음　　조례　　근무개시　　　　　근무종료　　옷갈아입음　　퇴근

군 무 시 간

● 연락

- 정해진 출근 시간에 지각할 것 같은 때 또는 출근할 수 없을 것 같은 때는 가능하면 빨리 이유와 어느 정도의 시간인가를 연락해 주십시오.
- 무단으로 지각하거나 결근하는 것은, 손님뿐만 아니라 점포나 함께 일하는 동료들에게도 대단히 폐를 끼치는 일이 된다는 것을 이해합시다.

● 복장, 몸차림

- 복장, 몸가짐의 규칙을 지켜 주십시오.
  항상 정해진 규정에 근거하여 청결감 넘치는 복장, 몸가짐이 되도록 해 주십시오.
- 출근 도중의 복장도 단정한 복장을 취해 주십시오.
- 가장 중요한 몸가짐을 항상 Smile(미소)입니다.
- 복장, 몸가짐의 규칙을 지키지 않는 사람은 지적하고 시정을 요구합니다.

● 조례

- 업무를 개시하기 전에 근무자 전원이 조례를 행합니다.

1. 조례시 서비스인으로서 흐트러진 마음 자세를 바로 잡는 시간 입니다. 이를 위해

    1) 미소 연습

    2) 인사 교육

    3) 전달 및 주의사항

    4) 예약의 재확인

    5) 기타 사항

2. 오늘 하루, 자기 자신이 납득할 수 있는 일을 할 것인지 스스로 목표를 정해 일을 하는 것이 중요한 마음가짐입니다.

3. 하루 업무의 시작으로 필히 실행합니다.

    조례할 수 없는 시간에 출근한 경우에도 자기 혼자서라도 3분 정도 조례를 실시하여 오늘의 전달 사항을 알아봅시다.

> ※ 주 의
> 조례 시에는 가능한 한 직원들을 책망하는 말은 삼 가는 것이 좋습니다.
> 즐겁고 명랑하게 일하는 분위기를 만들어 주세요.

■ 조례 순서

당일의 담당자(지배인·주임·팀장 등)가 앞으로 나온다.

  1. 안녕하십니까? (좋은 아침입니다. 오후 조례의 경우 : 수고가 많았습니다.) 전원 인사

    지금부터 ○월 ○일 ○요일 조회를 시작하겠습니다.

점훈 낭독이 있겠습니다.

1) 오늘 하루도 많은 점포들 중에서 「○○○○」을 찾아주신 고객에게 진심으로 감사 드립니다.

2) 오늘 하루도 밝고 명랑하게 누가 보아도 부끄러움이 없는 행동을 하도록 맹세합니다.

3) 오늘 하루도 주문의 많고 적음을 차별하지 않으며 모든 고객에게 후회 없는 봉사가 되도록 노력합니다.

4) 오늘 하루도 주어진 재료와 시실 및 비품을 현금과 마찬가지로 소중히 취급합니다.

5) 오늘 하루도 주어진 나의 일을 완수하며 불필요한 잡담과 행동은 삼갑니다.

2. 인사 교육을 시작하겠습니다.

제가 선창하면 따라서 하시기 바랍니다.

선창 : 따라서 한다.

인사 교육 중간에 「고객이 요구하는 서비스란?」, 「서빙시 자기 체크 7항」, 「서비스인의 6가지 맹세」 등을 교대로 선창하게 한다.

※ 주의
미소(표정·언어·행동)를 늘 기억하며 인사 교육을 한다.

---

3. 미소 연습을 합니다.

미소는 고객(상대방)이 보기에 가장 편안한 모습입니다.(빅 스마일 3가지 기억)

4. 오늘의 스피치 연습은 ―――입니다.

선창 : 따라서 한다.(하나의 용어를 3회 이상 반복한다.)

3분 스피치입니다. 오늘의 주제는―――입니다.(3분간에 걸쳐서 이야기한다.)

5. 오늘의 전달 사항은 ―――입니다.

점장님(사장님) 다른 전달 사항 있습니까?

주방에서 하실 말씀은 없으십니까?

주방은 그 날의 메뉴 상황에 대하여 자세히 설명한다.

예) 판매 상품의 종류와 맛, 오늘의 특별 요리, 오늘 판매 못하는 제품 등

내일 조례 담당은 ○○○입니다.

이것으로 ○월 ○일 ○요일 아침 조례를 마치겠습니다.

감사합니다.

전원 박수(또는 오늘도 수고합시다! 구호 선창)를 외치고 각자 위치로 간다.

6. 기타 사항

특별한 사항이나 전달 사항, 주의사항 등을 편안한 마음으로 전달한다.

7. 각자 위치로 돌아가면 다시 영업 준비가 완료되어 있는지 재확
   인한다.

● 직원의 주차 및 출입구

- 종업원은 항상 점포의 현관으로 출입해 주십시오.
- 종업원 주차장은 현관으로부터 가장 먼 곳에 차를 대야 합
  니다. 현관 가까운 장소는 손님용으로 비워 두고 절대로
  주차하지 말아 주십시오.

● 말씨

- 「○○○○」사원의 이름은 전부 "○○씨"를 붙여 호칭합니다.
- 일을 부탁할 때는 "부탁합니다." 대답은 "네, 잘 알겠습니
  다."라는 말을 필히 사용합니다.

● 인 사

- 인사는 직장의 윤활유입니다. 유쾌한 인사로 일을 시작합
  시다.
- 인사는 큰 목소리로 원기 왕성하게 밝고 친근감 있도록 누
  구에게도 차별 없이 자기가 먼저 하도록 유념합시다.
- 대답은 밝고 솔직하게 인사한 사람의 얼굴을 향해 합시다.

- 퇴근할 때는 아직 남아 있는 사람들에 대해서 "먼저 실례하겠습니다." 등의 인사를 하고 퇴근을 알려주십시오. 또 대답은 "수고하셨습니다." 등의 말을 해주십시오.

● 탈의실의 사용

- 옷 갈아입는 것은 숙소의 탈의실에서 해주십시오.
- 갈아입은 후의 옷과 짐은 각자에게 할당된 옷장과 옷걸이에 걸어서 놓아주십시오. 갈아입은 옷은 그대로 탈의실에 방치하는 일이 없도록 전원이 주의해 주십시오.
  깨끗이 관리가 될 수 있도록 담당을 정합니다.
  탈의실 담당은 1층 영업 담당이 청소와 정리를 책임집니다.
- 옷장은 잠그지 않는 것을 원칙으로 합니다.
  상호 신뢰를 토대로 각자가 관리하는 것이므로 가능한 다액의 현금, 귀중품 등은 가지고 오지 말아 주십시오. 도난사고가 발생한 경우의 책임은 지지 않습니다.
  부득이하게 가지고 온 경우에는 사무실(캐셔)의 금고에 보관하도록 해 주십시오.
- 탈의실은 여러 사람이 사용하는 것이므로 탈의실 안에는 불필요한 물건을 넣어 두지 말고 깨끗이 사용해 주십시오.

나. 근무 개시와 종료

1. 근무 개시라 함은 옷 갈아입은 후 복장, 몸가짐을 충분히 확인하고 곧 근무에 임할 수 있는 상태를 말합니다.
2. 근무 개시나 종료 시간 등을 캐샤에서 PC가 기록합니다. 입사시 지급 받은 개인 카드를 소중히 보관해 주십시오.
3. 아르바이트의 경우 TIME CARD는 당신의 근무 시간을 증명하고 급여를 지불하기 위한 중요한 것입니다. 더럽히거나 분실하지 않도록 소중히 취급해 주십시오.

1) 근무

- 근무 중에는 주어진 작업 지시에 따라 할당된 작업은 확실히 실시해 주십시오.
- 근무 중에는 개개인의 잡담은 엄중히 삼가주십시오.
- 일에는 우선순위가 꼭 있습니다. 무엇을 먼저 해야 될 것인지를 항상 생각해 주십시오. 중요한 것은 항상 손님 제일이라는 것입니다.
- 일이란 정해진 시간부터 정해진 시간까지 일만 하면 된다는 뜻이 아닙니다. 작업 지시가 없더라고 일은 얼마든지 있습니다. 주어진 작업을 확실히 실시하는 동시에 자진해서 일을 찾도록 해 주십시오

2) 보고의 의무

- 근무 종료 시에는 필히 주어진 작업의 진행 상황을 점장에게

보고해 주십시오.

- 손님으로부터의 불평은 크고 작고를 불문하고 전부 책임자에게 보고해 주십시오. 설비, 시설의 불미한 곳이나 칭찬 받았던 일도 보고해 주십시오.

3) 유니폼 착용에 대하여

유니폼은 점포의 얼굴입니다. 유니폼을 착용하였을 경우에만 직원으로서 권리와 의무가 부여됩니다. 유니폼은 점포에서 여러분에게 지급하는 것입니다. 자기의 물건이니만큼 개인이 책임지고 세탁합니다. 그리고 다림질이 되지 않은 유니폼은 착용을 삼가 주십시오.

4) 전화 사용에 대하여

음식점의 전화는 사무용이므로 업무용 이외의 목적에는 사용할 수 없습니다. 또한 책임자의 허가 없이는 사용할 수가 없습니다. 사적인 전화를 사용할 경우에는 휴식 시간에 공중전화를 이용하여 주십시오. 또 걸려온 전화에 있어서도 원칙적으로 메모를 전하는 것으로 긴급을 요하는 전화를 제외하고는 통화하실 수 없습니다. 이 점을 주지하시어 부모나 친구들에게 미리 말씀드려 주십시오. 또한 걸려온 전화를 받았을 경우, 항상 밝은 목소리로 "감사합니다. ○○○○입니다." 라고 응답해 주시기 바랍니다.

5) 외출시의 경우

근무 시간 중은 책임자의 허가 없이 외출할 수 없습니다.
또한 휴식시간 중의 외출시도 책임자의 허가를 받고 사복으로
갈아입고 외출해 주십시오. 외출시 유니폼을 입고 나가는 것
은 금지해 주십시오.

6) 근무 중 식사에 대하여

근무 중 식사는 점포에서 지급해 주고 있습니다. 일정한 시간
에 지정된 장소에서만 식사를 할 수 있습니다. 가능한 식사시
간을 지켜 단체가 움직이는데 불편이 없도록 합시다. 식사시
간은 30분을 초과하지 않도록 합시다.

7) 손님으로 점포를 이용하는 경우

근무를 시작하고서는 책임자의 허가 없이 점내에서 손님으로
식사할 수가 없습니다. 점장에게 허가를 받은 경우는 사복으로
갈아입고 일반 손님과 똑같이 행동해 주시기 바랍니다.

8) 좋은 인간관계 유지

「○○○○」는 종업원의 의견을 존중하여 밝고 즐겁게 근무할
수 있는 건전한 직장 생활을 조성하고 있습니다. 그러한 마음

가짐으로 동료나 손님을 대할 때는 항상 협조적이고 적극적인 마음 자세로 임해 주시기 바랍니다. 만일 동료 상호간에 사소한 마찰이라도 야기된다면 즉시 책임자에게 보고하여 문제 해결을 위해 서로 최대한의 노력을 다하여야 할 것입니다.

9) 안전과 위생

음식점 업무에 있어서 항상 청결하고 깨끗한 점포를 유지하는 일이 무엇보다 중요한 일 중의 하나입니다. 손님이 언제라도 안심하고 식사할 수 있는 점포, 만족스런 점포로 만들기 위해 이 일은 항상 유념해주십시오.

자신이 안심하고 식사할 수 없는 점포, 손님에게 진실로 추천할 수 없는 점포는 곤란합니다. 항상 손님의 입장에서 손님이 어떻다고 생각하고 어떻게 느낄 수 있는가를 염두에 두시기 바랍니다. 또 손님과 동료의 안전을 위해 기구류의 취급에는 충분히 주의해 주십시오. 또한 바닥이 젖어 있거나 유리 파편 등 위험물이 떨어져 있을 경우 우리 모두의 안전을 위해 즉시 치웁시다.

3. 서비스의 기본

가. [○○○○]가 요구하는 서비스란?

1. 항상 고객에 대하여 밝고 명랑하게
   우리들은 자기 가족 중에서 가장 소중한 사람을 영 접하는 기분으로 고객을 맞이하여야 한다.
   그렇기 때문에 마음으로부터 명랑한 'Smile'을 필요로 하는 것이다.
   보통의 Smile로는 안 된다.
   바로 'Big smile'이다.

2. 예의 바르게
   우리들은 항상 예의 바르게 고객을 영접한다.
   그렇게 함으로써 고객이 그 점포에서 가장 중요한 손님으로 대우받고 있다고 하는 인상을 준다.

3. 고객의 요구를 사전에 관찰하여 알아차릴 것.
   고객이 원하고 있는 것을 언제나 해 드릴 수 있도록 고객을 잘 관찰한다.
   사전 서비스(Before Service)의 실행이다.

나. 홀 서비스의 6가지 맹세

1. 언제나 고품질의 음식물을 제공할 것.
2. 언제나 고도의 친절, 활기 있고 세심한 서비스를 제공할 것.
3. 언제나 청결하고 아늑한 환경과 매력적인 분위기를 제공할 것.
4. 언제나 협동하는 정신을 갖고 동료와의 화합에 힘쓸 것.
5. 언제나 자기 발전을 위하여 심신의 관리에 힘쓸 것.
6. 「○○○○」의 정신을 팔도록 노력할 것.

고객이란 우리들의 행동으로써 우리들이 대하는 모든 것 중에서 가장 중요한 사람이라는 것을 느낄 수 있도록 보여 주어야 하는 것으로 부단한 연구와 노력만이 가능하고 그것이 우리들의 업무의 커다란 목적이다. 요리를 잘 알고 서비스의 순서를 잘 알고 고객이 원하는 것을 잘 알고 먼저 권할 수 있는 '나'가 되지 않으면 안 된다. 그 때문에 프로의 서비스의 6가지 맹세를 지켜야 한다. 그러나 6가지 맹세 이전에 선행되어야 할 사항은 곧 미소이다.

● 나의 맹세

1. 고객 그리고 같이 일하는 동료를 만났을 때의 '나'

고객을 영접할 때는 물론 함께 일하는 동료를 대할 때도 말 사용이나 몸가짐에 주의하여 항상 협력적인 태도를 지켜 나가실 수 있는 밝은 내가 된다.

2. 여러 가지 메뉴를 권할 수 있는 '나'

고객이 맛있는 메뉴를 먹게 만들 수 있는 것은 바로 나이다. 그 때문에 여러 가지 메뉴에 대한 지식을 갖추고 있는 내가 된다.

3. 서비스의 순서를 알고 있는 '나'

우선 점포가 정한 올바른 서비스의 순서를 기억하고 그대로 고객에게 시행할 수 있는 내가 된다.

4. 직장에서 신뢰받는 '나'

시간에 맞추어 출근하고 Side Work 등 정해진 일을 완전하게 수행함으로써 직장에서의 신뢰를 얻는 내가 된다.

5. 건강하고 위생적인 '나'

고객에게 풍요로운 식사를 제공하는 나는 항상 부끄럽지 않는 건강과 위생에 관한 지식을 갖고 근무하는 내가 된다.

6. 물건을 소중하게 생각하는 마음을 갖고 있는 '나'

고객의 기쁨, 점포의 분위기 그리고 여러분의 생활의 풍족함 모든 것은 물건을 소중하게 하는 마음으로부터 시작된다는 신념을 갖고 모든 것을 아낄 줄 아는 내가 된다.

다. 단정한 몸가짐

1. 제 복

1) 유니폼

올바른 유니폼(청결하고 다림질한 것)을 입기 전에는 절대로 매장(Floor)에 나가선 안 된다.

2) 구두 : 검정 구두 또는 지정화

2. 두 발

1) 남성 - 단정한 머리를 요망한다.

앞머리 : 눈썹에 닿지 않을 것.

옆머리 : 귀에 닿지 않을 것.

뒷머리 : 와이셔츠 깃에 닿지 않을 것.

귀머리 : 귀가 나올 정도

수 염 : 수염을 길러서는 안 된다.

깨끗하게 면도하고 출근할 것.

2) 여 성

① 자연스럽게 보일 것. 청결하게 보일 것(염색 금지)

② 뒷머리가 길 경우 묶는다.

③ 가발을 사용할 경우는 자기 머리의 색깔 등을 맞추어한다.

④ 인사를 할 때 머리가 얼굴에 내려오지 않도록 한다. 내려올 때는 머리핀으로 꽂는다.

  (앞머리가 눈썹에 가리지 않을 정도로 한다.)

⑤ 머리 장식품은 금지

⑥ 머리핀은 머리색과 같던가 검정색으로 한다.(눈에 띄지 않도록)

⑦ 머리를 올릴 경우의 머리망도 눈에 보이지 않도록 머리와 같은 색깔이던가 검정색으로 한다.

⑧ 고무밴드로 머리를 묶을 때도 머리와 같은 색깔이나 흑색으로 한다.

  원칙적으로 후두부에 1개로 묶는다. 그 이상 2개를 옆으로 하든가 하는 것은 안 된다.

3. 개인 위생

1) 손톱 : 손톱은 2㎜이내(손가락을 펴고 손바닥을 보았을 때

손톱이 보이지 않도록).

2㎜라도 길게 보일 때는 더 짧게 깎을 것.

매니큐어는 투명한 것만 가함. 손톱 속이 더럽

지 않도록.

2) 이 ：이는 반드시 닦고 구취에 주의할 것.

3) 자세 : 걸을 때는 등을 펴고 무릎을 반듯이 하고 턱을 당

기고 걷는다.

볼펜을 만지작거리거나 소리를 낸다거나 머리를

흔들거나 해서는 안 된다.

자세는 대단히 중요하다.

손을 호주머니에 넣는다든지 팔짱을 낀다든가

기대어 있던가 해서는 안 된다.

4) 개인의 위생 : 구취에 주의

(담배는 될 수 있는 대로 흡연 장소에서 피우고

피운 후에는 구취 방지제를 사용한다.)

항상 주의하지 않으면 안 되는 것은 몸 주변을

청결히 하는 것이다.

5) 태도 : 항상 예의 바르게

6) 화장 : 자연스럽게 보이도록 엷게 화장을 한다. 당신의 태

도는 당신이 갖고 있는 것 중에서 무엇보다도 중

요한 것의 하나이다.

여러분 단정한 몸가짐에서 가장 중요한 것. 그것은 여러분의 아름다운 Big Smile입니다.

여러분의 센스를 최대한 발휘하여 주십시오.

4. 일반적인 제주의

1) 명찰 : 회사 규정의 것으로 왼쪽 가슴에 깨끗하게 붙인다.

　　　　(잊어버리지 않도록)

　　　　기타 장식물은 금지

2) 장식품 : 결혼 반지만 가함.

　　　　금지하는 것 – 속눈썹 붙이는 것.

　　　　　　　　　귀골이, 브로치, 넥크레스, 칼라매니큐어.

　　　　　　　　　결혼 반지 외의 반지.

3) 휴대품 : 없음

5. 유니폼에 대하여

입사가 결정되면 고유 번호를 정한 유니폼을 2벌씩 지급 받는다. 유니폼의 전반적인 관리는 본인이 하며, 점포 출근이 정지 또는 해직되는 경우 지급 받은 유니폼을 반환한다.

이 때 분실되는 기타의 사유로 반환할 수 없는 경우 급여 지급

시 일정액을 공제하고 지급한다.

라. SIDE WORK의 책임

POINT - 완전히 끝마치도록

Team Work의 성과를 올리기 위하여는 Side Work를 완전히 행하지 않으면 안 된다.

각 팀이 행하는Side Work 는 자기들을 위해서만이 아니라 전체의 분위기를 위해서도 매우 중요하다.

Side Work 일에 모든 힘을 합하여 완전히 행하면 하기와 같은 전체의 목표가 달성될 수 있다.

1) 환경이나 용구가 모두 청결해진다.
2) 비품이나 식재의 소모를 줄일 수 있다.
3) 상품의 회전을 적절하게 행할 수 있다.(선입선출법)

자기에게 맡겨진 Side Work를 끝마치기 전에는 다른 일을 하지 않는다.

항상 신속하게 하는 것이 중요하다.

Side Work의 포인트는 일의 결과를 잘 보고하는 데 있다. 시간 내 끝난 일은 물론이고 시간이 경과해도 끝나지 못하는 일까지도 시간이 되면 보고하고 재 지시를 받는다.

SIDE WORK의 종류

1) 환경 정리를 위한 점포 점내, 외 청소

2) 식자재 및 기타 점포 사용품의 반입, 반출 정리 운반

3) 점포 비품의 정리, 정돈

4) 점포 메인터넌스를 위한 준비 및 정리

마. 개인 위생(SANITATION)

POINT - 손을 닦는다

요리를 취급하고 있는 우리들에게는 고객 모두의 건강이 달려 있다. 우리의 건강과 고객의 건강을 유지하기 위하여 중요한 것은 세균(박테리아, Virus)등을 어떻게 컨트롤할 것인가이다.

그 때문에 아래의 사항이 준수되어야 한다.

1. 혹시 병이 났으면 가능한 집에서 쉬도록 대체한다.

    무리하여 일을 계속 하면 본인의 건강뿐 아니라 전체 동료 및 고객에게도 해로운 일이 발생할 수 있다.

2. 균과 접촉했으면 반드시 손을 깨끗이 씻을 것. 습관으로 한다.

(화장실에서 나올 때, 담배를 피웠을 때, 더러운 것(접시 등)
을 만졌을 때, 식사 후 등)
3. 여하간 먹을 것에는 직접 손을 대서는 안 된다.
조리사 등 요리를 직접 만지는 사람은 필히 자신의 손과 복장
에 대해서 청결하도록 유지한다.
4. 컵 속에 손가락을 넣어서는 안 된다.
5. Table Ware나 Glass류를 취급할 때는 고객의 입이 닿는 부
분 이외의 부분, 아래쪽을 잡을 것.
6. 타월 류는 언제나 청결하게.
7. 엎지르거나 흘린 것은 즉시 깨끗하게 치울 것.
점포의 더러운 물기로부터 시작된다는 것을 명심할 것.
8. 주어진 Side Work를 완전하게 행할 것.
뒷정리가 완전하지 않으면 그 곳에서 세균이 번식할 수 있는
여지를 준다.
9. 깨지기 쉬운 것은 불안정한 선반이나 놓을 물건의 크기에 맞지
않는 선반 등에 올려놓지 말 것.
10. Walk In(걸어서 들어가는 냉장고)이나 Reach In(물건을
직접 손으로 넣고 꺼내는 냉장고)속에 무엇이 들어 있는가
를 사전에 알아둠으로써 문 여는 회수를 최소한으로 줄일
것. 온도 관리의 중요한 포인트이다.

11. 냉장된 식품의 보관을 완전하게, 가공 중인 제품의 보관도 위
    생적인 용기에 넣어서 말끔하게 싸서 보관할 것.

12. 선입선출법을 행할 것.(First in First out)

13. 단정한 몸가짐의 규정을 준수할 것.

    레스토랑에 잘 어울리는 모양으로 특히 머리카락, 손톱, 개
    인 위생 등. 깨끗한 것을 좋아하는 여러분이라면 충분하다.
    그리고 특히 바퀴벌레나 파리와 같이 생활하지 않는다는 것
    을 잊지 말도록.

바. 원가 개념

POINT - 물건을 소중하게

서비스하는 사람의 업무가 어느 정도 이익과 관련되고 있는 가에
대하여 생각해 보고자 한다.

이익이라고 하는 것은 실제로 매우 필요한 것이나, 과다한 이익의
획득은 고객의 불만을 낳을 수 있다. 그러나 경비를 어떻게 해서 적
게 할 수 있는 가와 어떻게 점포를 효율적으로 운영할 수 있는가를
인식하고 실천하는 것은 고객의 이익과 전혀 관계가 없는 것이다.

그러나 우리들의 비효율적이고 비합리적인 행동은 바로 점포의
손실과 직결된다.

점포의 손실은 바로 여러분의 손실이라는 것을 잘 이해해 주기 바

란다. 그러기 위하여 아래의 사항은 반드시 알아두어야 한다. 직접적인 손실은 아니지만 이러한 것들이 쌓여서 이익을 감해 버리기 때문이다.

1. 요리와 마실 것

1) 샐러드의 드레싱, 밥, 양상추, 기본찬 등은 정해진 분량을 가능한 지킨다.

2) 요리에 대한 조심
   찬류 등의 식품에 위생상의 문제가 있으면 관리자에게 알린다.

3) 마늘, 향신료 등은 당일 제조분 이외에는 사용하지 않는다. (상미 기간 준수)

4) 잘못 만들어진 여분의 식품은 '다른 곳에 사용해 주십시오(그 점을 메모로 하여) 라고 동료에게 알려준다.
   예: 잘못 만들어 버린 향신료 등

5) 고객에게 서브하기 전에 요리를 잘 체크한다. 예를 들면 그릇이 더럽지는 않은가? 주요리는 뜨거운가?
   고객이 주문한 것은 맞는가? 분량은 적당한가? 등 또 글라스에 손자국 또는 루즈 자국은 없는가와 같은 사항들이다.

6) 대체 품목을 생각해 둘 것.

7) 디저트를 너무 많이 준비하지 않는다.

마늘 등 향신료를 너무 많이 준비해 놓지 않는다. 등

2. 요리와 마실 것 이외의 것

1) 다스타류는 주의해서 사용한다.

예를 들면 다스타는 재사용 하기 위하여 잘 빨아둔다. 색에 따라 사용을 분류하고 그 목적 이외에는 사용하지 않는다.

● 다스타의 구분

- 주방 : White Duster
- 서비스 에리어 : White Duster
- 객석 : Green Duster
- 기타 주방의 기름 부분 : Red Duster

2) 테이블 위 등이 심하게 더러울 경우는 다스타를 사용하지 말고 냅킨을 사용하여 닦아낸다.

3) 파손 방지를 위하여 접시, 글라스 류는 조심하여 취급해야 한다. 또 용기는 넣는 장소를 정하고 반드시 그 장소에 넣어 두어야 한다. 퇴식시 스트로는 우선 글라스에서 뽑아서 쓰레기통에 버린다.

4) 엎지르거나 사고를 방지하기 위하여 Tray는 주의하여 운반한다.

5) 다스타는 사용 전에 반드시 소독하고 나서 사용한다.(살균 방법 : 살균액 사용)

3. 벌의 작성 그리고 고객과의 커뮤니케이션

1) 잘못됨을 피하기 위하여 세심한 곳까지 복창하고 고객과의 커뮤니케이션을 도모하는 말을 사용한다.
   예 : 항상 감사합니다. ○○○을 하시겠습니까?
2) 오더는 분명하고 정확하게 쓴다. 정확한 개수, 정확한 약어를 써야 한다.
3) 오더를 마친 후 고객에게 재확인하는 것을 습관화한다.
4) 레지스타는 항상 정확하게 기록하여야 한다.

4. 개인으로서의 위생, 공중위생, 안전

1) 유니폼을 항상 잘 손질하여 둔다.
2) 자기 발에 맞는 구두를 신는다.
3) 머리는 규칙대로 하고 손톱은 청결하게 해야 하는 것은 요리 속에 불순물이 혼입되는 것을 방지하게 되기 때문이다.
4) 균과 접촉했다고 생각되는 행위 후에는 반드시 손을 잘 닦는다.
   왜냐하면 화장실 사용 후, 흡연 후 더러운 접시 등을 취급한 후 식후 등이 당신 자신의 건강뿐만 아니라 고객의 건강에도 중요한 영향을 주기 때문이다.

5) 엎지르면 오물, 떨어진 오물을 바로 닦아낸다.

6) 고객의 접시에서 음식물을 집어내지 말 것. 병의 원인이 될 수 있다

5. 일반적인 일

1) 상처를 입을 원인이 될 것 같은 일은 고객이 하게 해서는 안 된다.

   점내에서 맨발로 다니지 않도록 주의 할 것.

   고객의 뒤를 지나갈 필요가 있으면 작은 소리를 내어 알려줄 것.

2) 테이블 밑에 휴지 등은 없는가, 그러한 일들에 주의할 것.

3) 자기의 시간을 유효하게 사용하는 것은 자기관리를 잘하는 길이다.

   근무 중에라도 시간을 절약할 수 있는 방법은 없는가 항상 연구한다.

4) 안전에 관한 순서를 언제나 기억하고 지킬 것. 후방을 지나갈 때는 반드시 작은 소리를 낼 것.

5) 무엇인가 문제가 있으면 바로 책임자에게 알릴 것.

   예를 들면, 고객의 불만, 기구 비품이 불안전한 경우 등이다.

6) 빈 상자는 바로 가둬서 치운다. 빈 상자와 빈 병은 쓰레기와

별도로 분리한다.

사. 팀워크 (TEAM WORK)란

POINT - 자신의 목적을 달성한다.

Team Work의 본래의 의미는 '한 사람 한사람이 자기에게 맡겨진 업무를 자력으로 완전하게 완수하는 것'이다. 좋은 인간관계라든가 화기 있는 분위기라는 것은 사실상 좀 다른 의미인 것이다. 완전히 자력으로 완수했을 때 또는 여력이나 시간이 있으면 타인을 도와준다는 의미인 것이다. 다음에 기재한 사항은 Floor Service를 시간이 허락하는 한 우리들의 레스토랑에서 한사람 한사람의 고객에게 만족하게 해 줄 수 있는 진정한 팀워크를 만드는 방법이다.

1. 필요가 있으면 협조를 구할 것. 또 시간이 있으면 타인을 도와줄 것.

2. 필요가 있으면 Side Station. Dessert Area 등의 보급을 하고 그것을 정리하여 둘 것.

3. Sliver, Glass 등은 분류하여 넣고 플레트는 같은 크기의 것들을 겹쳐 놓는 등 Service Wagon 등을 적절하게 이용할 것.

4. 플로아 서비스가 바쁘기 때문에 또는 동료가 고객을 영접할 수 없는 상황에 있으면 다른 동료에게 그 점을 알린다. 반대로 안

내 담당이나 책임자가 새로 내점한 고객을 바로 안내할 수 없을 때는 플로어 서비스가 고객에게 인사하고 좌석으로 안내한다.

5. 피크 시에는 음료, 찬류 등을 미리 만들어 놓는다.

6. 동료가 곧 알아볼 수 있도록 빌을 깨끗하게 쓸 것.

7. 동료가 바쁘면 고객 오더를 동료 대신에 자기가 받는다. 물이나 디저트 서브도 자기가 담당한다. 자기가 맡고있는 테이블뿐만 아니라 그 주위의 테이블도 항상 주시하여 언제나 같이 일 한다는 생각을 갖는다.

8. 요리가 품절 되거나 일시적으로 없을 때가 있으면 그 점을 다른 동료에게 알려줄 것.

9. 동료를 위하여 재떨이 등을 교환하거나 물 보충 등을 해준다.

10. Side Work가 완전하게 되기 위해서는 자기의 일을 완전히 마치고 보고하는 버릇을 가져야 한다.

11. 시간이 허락하는 한 다른 동료의 일을 도와준다.

12. 문제가 있으면 언제나 책임자에게 말한다.

13. 식당의 전체가 잘 굴러가기 위해서는 팀워크가 필요하다. 항상 움직여서 계속 되어야 하고 그 중 하나의 바퀴라도 잘 구르지 않으면 좋은 서비스가 될 수 없다.

14. 동료와 우호적으로 지내야 한다.

아. Service의 우선 순위

POINT - 무심하지 않은 마음

생산라인이 조직화되고 모든 고객에게 최고의 서비스가 되기 위한 우선순위는 팀워크를 통하여서만 비로소 효과를 얻는 것이다.

1. 뜨거운 것은 뜨겁게, 찬 것은 차게 - 주방과 서빙의 팀워크 (Hot is Hot, Cold is Cold)
2. 신규 고객의 인식, - 안내와 객석 담당의 팀워크 (항상 고객의 기호에 주의) → POINT
3. 식사를 즐겁게 하도록 요리를 권함 - 요리(주방의 솜씨)와 지식(객석의 요리지식)과의 팀워크 (Salesmanship)
4. 테이블에 항상 주의를 - 안내(기호 파악)과 접객(대응력)과의 팀워크
   (고객의 요구를 사전 관찰하여 알고 테이블 위를 정리)

◎ 메뉴 추천을 극대화하기 위한 4가지 Point

1. 고객에게 적합한 메뉴를
2. 구체적인 형용사(언어)를 사용하여
3. 구체적인 메뉴 명칭으로
4. 자신 있게 열심히 권한다.

자. 서빙의 특기사항

POINT - Friendly

1. "음료와 물은 무료, 셀프서비스입니다." 하고 부드럽게 마실 것을 권한다.
2. 아직 메뉴 주문 결정이 안 되었을 때는 옆에서 기다린다.
   주문이 나오면 "잘 알겠습니다" 등의 용어로 확실히 주문을 받은 것을 알려준다. 이 때 Tray를 가지고 있으면 트레이는 옆의 장소에 놓아두고 주문을 받는다.
   트레이는 운반 용구이므로 트레이 상에서 주문을 받는 것은 보기가 나쁘다.

3. 주문을 받는다

1) 한 사람 한 사람으로부터 주문을 받는다.
2) 한 사람 한 사람을 중요하게 하고 테이블 전체를 하나로 생각해선 안 된다. 한 사람 한 사람으로부터 주문을 받고 주문의 변경은 주문을 다 받은 다음에 다시 받는다.
   Salesmanship에 따라서 권하면서 주문을 받는다.
3) Eye Contact
   몸과 눈을 고객에게 집중시키고 고객의 눈을 보면서 말한다.
4) Body Language(말이 안 통하는 외국인일 때) 몸과 손을

사용하여 설명한다.

 5) 복창

고객이 주문하는 대로 바로 그 자세에서 복창하여 재확인한다.

4. 소스 또는 반찬 류를 서브한다

접시는 고객의 정면에 조용히 놓는다.

주 요리를 서브 전에 찬류, 소스 등의 서빙을 먼저 하고 주문 품목의 조리 시간, Pass-Bar 바쁘기 등 타이밍을 고려하면서 행할 것. 요리에 자동적으로 부가되는 품목을 주요리를 서빙하기 전에 테이블에서 기다리고 있는 고객이 사용하기 좋은 곳에 놓는다. 빈 식기는 드시는 대로 치우는 것을 습관화한다.

5. 주메뉴를 서브한다

규정대로 접시를 배치하고 요리에 맞는 조미료를 권한다.

6. Back check

Back check는 식사를 시작하고 조금 후에 체크한다.

고객이 요구대로 요리와 서비스가 이루어졌는가를 확인한다. "맛은 어떻습니까? 음식은 맛있습니까?" 등

7. 백 체크를 하면서 빌과 확인한다

식사 후의 주문이 없으면 빌을 점검하고(약어. 프린트된 품명, 가

격은 틀린 것이 없는가 등)

고객에게 감사의 인사를 드린다.

"대단히 감사합니다. 천천히 드십시오."

8. 식사가 끝났으면 치운다

1) 치우는 작업은 조용히 한다.
2) 그릇이 많은 경우는 트레이를 이용하고 손으로 들고 가는 경우 같은 크기 이상의 접시를 겹쳐 놓아서 무겁게 해서는 안 된다.
3) 요리가 꽤 남아 있을 경우는 이유를 물어본다.
   예 : 음식이 식성에 맞지 않으십니까? or 음식이 맛이 없으셨
      나요?
4) 문제가 생겼을 시 곧 바로 상사에게 보고하여 해결토록 한다.

9. 고객의 상황에 맞추어서 추가 메뉴를 권한다

10. 추가 메뉴를 서브한다.

1) 필요한 용구(예: 소스 식기, 포크 등)를 준비한다.
2) 또 한번 빌을 점검하여 둔다.

11. 식수는 항상 적량을 채워 놓는다

12. 고객이 돌아갈 때까지 서브를 계속한다

필요에 따라서 재떨이도 바꾸어 놓는다. 담배꽁초가 2-3개일 때가 가장 적기이다.

13. 고객이 돌아간다.

1) 고객은 출구까지 배웅한다.
2) 그릇 류를 치운다.
3) 테이블을 타스타로 닦고 재 Setting하여 깨끗하게 정리하여 둔다.

차. 전표의 보관

카운터가 관리하고 있는 빌 1매 1매는 현금과 같은 것으로 중요하게 취급하여야 한다. 빌지는 하루의 사용량을 예측하여 항시 아침에 일시에 공급받는다.

빌지와 빌 홀다는 서비스 스테이션에 보관하고 주문이 기록된 전표는 고객의 테이블에 갖다 둔다.

카. 홀 서비스 맨의 자기 Check List

여러분이 근무하는 시간에 여러분 자신을 확인하는 리스트이다.

● 근무 전에 체크(5분만에 끝낸다)해야 할 사항

1. 몸가짐은 단정하고 깨끗한가 체크한다.

2. 주머니에 업무에 필요한 품목이 들어 있는가?

3. 그 날 사용할 주메뉴, Order Stop, 기타의 상품의 변화를 확인한다.

4. 자기가 맡을 스테이션을 확인한다.

5. 스테이션의 Caster Set는 깨끗하게 가득 채워져 있는가?

6. 재떨이는 깨끗한가?

7. Table Ware는 더럽지 않은가?

8. 빌은 갖고 있는가?

9. 성냥과 냅킨 등 소모품은 준비되어 있는가?

10. 책임자에게 근무에 대한 보고는 했는가?

11. 필요한 소모품 재고는 있는가?

12. 필요한 소도구는 준비되어 있는가?

13. 청소는 잘 되어 있는가?

14. 오늘 맡은 Side Work는 무엇인가 확인한다.

● 근무 중에 체크해야 할 사항

1. 고객을 항상 웃는 얼굴로 영접하고 있는가?

2. 정해진 서비스 순서대로 서비스하고 있는가?

3. 고객을 항상 즐겁게 주고 있는가?

4. 상사에게 즉시 보고하고 있는가?

1) 고객으로부터의 불평

2) 주위 소음에 대한 불평

3) 비품에 대한 불평

4) 서비스상의 불평

5. 빌을 정확하게 작성하고 있는가?

6. Team Work가 발휘되고 있는가? 내가 도와줄 곳이 없는가?
   도움을 받아야 할 일은 없는가?

7. 점포가 깨끗하게 유지되고 있는가?(고객의 테이블, Floor
   Area 입구, 내 주변 전체를 확인)

4. Salesmanship

가. 고객에게 즐거움을 드리기 위한 'Salesmanship'

POINT - 열심히

우리들의 주된 업무는 고객을 영접하는 것이다. 그것은 Salesmanship이라고 할 수 있으며, 이러한 업무를 효과적으로 행하기 위하여 어떠한 일들이 관련되어 있는가를 생각해 보자.

● 우리가 팔고 있는 상품

1) 영 접 : 따뜻한 마음으로 환영하고 즐거움을 줄 수 있는 기분
2) 분위기 : 청결하고 관리가 잘 되고 아름다운 디자인의 조화가 이루어질 수 있는 점포
3) 서비스 : 즐거움을 주고 바라는 것(요망)을 받아주는 서비스의 형식과 순서
4) 태 도 : 자기가 행하고 있는 업무에 대한 긍지와 자부심을 갖고 있는 태도
5) 요 리 : 고품질과 맛으로 자신 있게 추천할 수 있는 요리

● 권할 때의 네 가지 POINT

1) 고객에게 합당한 것을
2) 구체적인 형용사를 사용하여(지식과 창조성을 요구)
3) 구체적인 메뉴 명칭으로
4) 열심히 권하는 것이다.

　　예) 고객 "칼국수 3인분 주세요."

　　　　직원 "예 잘 알겠습니다."

　　　　　　"다시 한번 확인하겠습니다. 칼국수 3인 분 맞습니까?"

　　　　고객 "예"

　권할 때에는 우선 상품을 잘 이해하고 그 고객에게 적당한 것을 권해야 한다.

나. 점내 용어(영어 부문)

○ Work Schedule : 전 종업원의 근무 시간표

○ Work Plan : 종업원 모두가 책임자에게 제출하는 근무 예정표

○ Greeting : 새로운 고객을 좌석에 안내하는 것.

○ Dummy Set : 새로운 고객을 영접하기 위하여 미리 테이블에 준비하여 두는 것

○ Sliver Ware(Table Ware) : 훠크, 나이프, 스푼 등 (은)제
품

○ Castor Set : 소금, 후추, 요지 등 테이블에 놓는 것

○ Table : 그림과 같은 4각 테이블 둥근 것이 나 장방형 포함

○ Booth : 반달형의 좌석

○ Shady : 2인석

○ Pass Out Bar : Food Service가 만들어 놓은 요리가 나오
는 것, 또 그것을 정리해 놓은 장소.

○ Walk In : 걸어서 들어가는 냉장고, 냉동고

○ Reach In : Walk In 이외의 냉장고, 냉동고(소형)

○ Side Station : 디저트 Light Drink류를 준비 하는 장소

○ Cook Station : 고객의 주문에 응하여 조리를 하는 장소

○ Back Yard : 점 외에 위치하고 식제 반입구가 있는 장소

○ Dish Line : 사용한 식기류를 닦는 장소

○ Back Station : Cook Station 후방에 위치하고 모든 것의
사전 준비 수납 등을 하는 장소

○ Fan Carry : 요리를 제공할 때 또는 치울 때 프레트를 Fan
과 같이 넓혀서 서브하는 것.

○ Table(Shift) Change : Table 담당을 교대하는 것.

○ Wallet : 주문을 쓴 전표를 넣어 보관하는 지갑(각자 1개씩
대여)

○ Seat Number : 고객이 앉아 있는 자리의 번호

○ Table Clear : 고객의 테이블 위의 필요 없는 것을 치우는 것

○ Pocket Order : 전표를 후드 서비스 맨에게 주는 것을 잊어 버렸을 때 등 지급 전표

○ Check Accounts Billity : 전표 정리

○ Order Stop : 메뉴에 있는 요리가 품절 되었을 때

○ To Go (Take Out) : 만두 등 요리는 손님이 가지고 가는 것

○ Entree(Main Dish) : 주된 요리(주품이 되는 요리)

○ Side Order : Entree를 보조하는 요리

○ Manual : 작업 순서표

○ Stack : 접시 등을 겹쳐 놓는 것

○ Offer : 요리에 적당한 조미료를 제공하는 것

○ Request : 고객이 요구하는 조미료

○ Automatically : 요리에 자동적으로 곁들이는 조미료 등

○ Check Back : 고객이 서비스나 요리, 분위기 등에 만족하고 있는가? 어떤가를 확인하는 것

○ Check Out :회계

○ Tray : 물이나 디저트를 운반할 때 사용하는 쟁반

○ 다스타 : 테이블 위를 닦는 Towel

○ Sub Station : 고객이 원하는 대로 요리의 내용을 변화시키 는 것

다. 영접에서 환송까지

고객	행 동	안 사 말	주 의 사 항
내 점	환영, 인사	안녕하세요. 어서 오십시오.	진심으로 환영의 마음을 담는다. 출입문 앞에서 동시에 인사한다.
	안 내	몇 분이 오셨습니까? 안내해 드리겠습니다. 이쪽으로 오십시오.	
	통 보	(조용히) ○분 손님입니다.	홀 담당은 지정 위치에서 반갑게 맞이한다.
착 석	자리를 안내한다.	이쪽으로 앉으십시오.	어린이와 여자를 중심으로 의자를 지정한다.
		잠시만 기다려 주십시오.	
	인사하고 들어온다.		
	자기 소개	안녕하세요. 서버○ ○○입니다. 필요하시면 언제든지 불러주세요.	이름은 또박또박 정확하게 말할 것
	음료, 물 서비스 안내	오랜만에 오셨습니다. 또는 오늘 날씨가 매우 덥습니다.(춥습니다)등 잠시만 기다려 주십시오.	자연스럽게 대화 분위기를 조성할 것
	물러나서 인사한다.		
메 뉴 선 택	메뉴판을 준비하고 인사하고 들어온다.	메뉴입니다.	메뉴판을 펴서 테이블의 가까운 위치에서 손에 놓아준다. 고객이 자리를 비웠을 경우에는 테이블에 놓아둔다. 한 사람에게 1매씩 전원에게 준다.
	물러나서 인사하고	감사합니다.	대기 위치는 테이블이 잘 보이는 위치 선택 대기한다.

주문(1)	인사하고 들어온다.	주문하시겠습니까?	주문할 것 같은 고객의 동작 * 메뉴 북을 내려놓을 때 나 덮을 때 계속 메뉴 북을 잡고 있을 때는 좀처럼 메뉴를 결정하지 못하는 경우이므로 도와주어야 한다.
	주문서와 볼펜을 지참한다.		
	(이 집에는 무엇을 잘해요?)	예, 저희「○○○○」는「해물 칼국수」가 맛있습니다.	지정 제품을 명확히 알려주는 것이 좋다.
	(해물 칼국수 주세요)	예. 해물 칼국수입니다.	주문서에 적어 가면서 대화한다.
	(예)	잘 알겠습니다. 감사합니다. 음료를 준비해 드릴까요? 알겠습니다.	한 사람 한 사람의 메뉴를 정확히 확인하고 기록한 후 다음 사람의 주문을 받는다.
주문등록		(예) 2-8번 3분 손님 주문입니다.	약어와 수량은 정확하게 기록하고 카운터에서 착오가 없도록 카운터에게 정확하게 알려준다.
체크	카운트는 일어서며	즐거우셨습니까? 맛있게 드셨습니까?	손님의 빌을 두 손으로 정중히 받아서 카운터의 것과 비교해 보고 포개서 영수증을 발행한다.
		○○몇 개 ○○○원입니다.	드신 품목을 확인해 준다.
	돈을 건네받는다.	예. 감사합니다. ○○○원 받았습니다.	받은 금액을 정확히 확인해 준다.
	거스름을 준비한다.	거스름돈은 ○○○원입니다.	거스름돈은 영수증 위에 바듯이 올려 놓으며 반드시 고객의 손 위에 놓아준다.
퇴점	고객의 두를 향하여 큰 소리로 인사한다.	감사합니다. 또 오십시오.	경쾌한 목소리가 아니면 뒤이기 때문에 의미가 없다.
테이블정리	계산이 끝고 고객이 돌아가면 테이블로 돌이와서 주우를 정리 정돈하고		팀워크의 발휘로 비어 있는 테이블 담당이 비어 있지 않도록 한다. 테이블을 재 세팅한다.

라. 점포 서비스의 포인트

점포의 서비스는 영접에서 환송까지 전체적인 서비스가 필요한 것은 물론이지만 물이나 커피를 수시로 제공해 주는 것. 재떨이를 교환해 주는 일, 부족한 반찬을 추가 서비스하는 등의 사소한 서비스가 전체의 질을 높인다는 것을 잊지 말고 실행해 주기 바란다.

여러분은 팀의 일원으로서 혼자서 모든 것을 판단하여 결정하지 말고 잘 알지 못하는 것, 궁금한 것 또한 잊어버린 것이 있으면 반드시 관리자에게 확인해 볼 것.

그리고 항상 다음의 세 가지를 중요하게 생각하고 즐겁게 일을 하자.

1. 항상 명랑하게
2. 예의 바른 태도
3. 사전 찰지(인식)

그리고 잊어서는 안 되는 것은 바로 당신의 "Big Smile"입니다.

마. 홀 서비스의 주의점

1. 인 사

고객에게는 "어서 오십시오"와 함께 "안녕하십니까?"라고 명랑하게 영접한다.

2. 체크 Back의 말씨

고객이 만족하고 있는가 어떤가, 불만은 없는가 등을 체크하는 것이기 때문에 말을 항상 정중하게 하여야 한다. "맛은 어떻습니까?" 등

3. 오더를 받을 때의 주의사항

- 주문을 받으면 받은 대로 복창한다.
- 메뉴에 대한 질문에 대비하여 메뉴 품목을 숙지하고 있을 것 (Salesmanship의 발휘)
- 권할 때는 무엇인가 특정한 한 가지 품목을 권할 것.
- 객석 내의 모든 테이블에 주의를 기울일 것.
- 고객의 Body Language(몸짓)에 주의를 기울일 것.
- 1인의 플로아 서비스가 접객하는 것은 15-20인까지 Tray로 주문품을 받아서는 안 된다.
- Tray는 음료수나 디저트에만 사용하는 것이다.
- 쿡 or 서비스 스테이션에서는 큰 소리가 나지 않도록 한다.

4. 제공할 때의 주의사항

- 우선 순위를 잘 파악할 것.
- 뜨거운 것은 뜨겁게, 차가운 것은 차갑게
- 새로운 고객의 인지

- 식사를 즐겁게 하도록 요리를 권한다.
- 테이블에 주의
  * 테이블 위가 항상 깨끗하도록 정리정돈
  * 고객의 요구의 사전 찰지(비포 서비스, 센스 오브 서비스)
    (고객의 동작, 테이블의 상황, 돌아가는 상황에서 예측하여 알아차릴 것.)

5. 재떨이의 교환

재떨이는 담배를 피우고 나서 2-3개피가 되면 교환한다.

교환하는 방법은 우선 고객에게(재떨이를 교환해 드릴까요?)라고 말하고 새로운 재떨이를 테이블 위에 놓고 더러운 재떨이 위에 깨끗한 재떨이를 올려놓고 트레이에 올려놓고 새 재떨이는 놓아둔다.

6. Dish Washer Line과의 연결

- 디쉬워셔 일을 도와주기 위해 정리를 잘해 둔다.
- 컵을 컵랙에 프레트는 프레트 랙에 각각 지정된 위치에 끼워준다.

바. GREETING(안내) 일의 기준

1. 안 내

스테이션에서 안내할 때 중요한 일은 안내자는 점포나 자기의 입장이 아니고 고객의 입장에 서서 안내하는 것이 중요하다.

될 수 있는 대로 고객이 바라는 좌석을 찾아주며 Peak시에는 혼자서 오신 경우는 더욱 신경 써서 안내해야 한다.

Greeting(안내)은 뭐라고 해도 가장 인상적인 최초의 점포 얼굴이기 때문이다.

2. CASHIER

맑은 목소리로 응대하는 것이 제일 포인트이다.

고객의 첫인상에서부터 최후의 끝마무리까지의 이미지를 잘 표현해 줄 수 있는 부분이다. 고객을 알아보며 고객의 만족 정도를 확인해 보는 것도 매우 중요하다.

또 다시 찾아오기를 바라면서 영수증을 건네준다.

틀림없이 잘 기록했나 점검해 보고 정중히 건넨다.

3. FLOOR SERVICE에의 협력

Greeting 역은 뛰어난 플로아 서비스 담당이 되어야 한다. 플로아 서비스가 바쁠 경우 또는, 고객으로부터 요망이 있을 경우는 스스로 서비스의 일부를 담당한다.

물론 자신이 너무 바쁠 때는 담당 플로아 서비스에게 전하고 지원을 받을 수 있다. 메뉴 or 물 추가 등 고객이 무엇인가 바라고 있을 때 할 수 있는 일은 스스로 한다.

4. 메뉴의 유지 관리

점포의 안내판에 있는 메뉴를 언제나 깨끗하게 유지하는 것은 Greeting의 역할이 중요하다.

시간대에 교환하는 메뉴에 대해서도 타이밍을 고려해서 교환한다. 중도에 교환하는 것을 잊으면 고객으로부터 클레임을 받을 경우가 있다.

5. CLEANLINESS

Greeting은 특히 현관 입구의 Cleanliness에 신경을 써야 한다.

현관 입구는 끊임없이 더러워지기 쉬운 장소이므로 많이 청소해도 지나치지 않다.

융단, 현관 Mat, 문의 유리로부터 케샤 주변을 말끔히 청소한다.

6. 화장실의 위생

1) 화장실의 체크 포인트

　　가. 바　닥 : 쓰레기는 줍고 물기는 닦는다.

　　나. 기　물 : 물 자국이 없도록 한다.

　　다. 변기대 : 흘린 물을 닦는다.

　　라. 비누액의 보충

　　마. 변기가 청결한지 체크한다.

　　바. 재떨이 : 재가 있으면 쓰레기통에 넣도록 할 것.

사. 필요한 양의 재고를 보충한다(화장실 페이퍼, 세제)

아. Greeting은 항상 화장실을 체크한다.

만약 더러워서 깨끗이 하지 않으면 안 되 는 장소가 있으면 즉시 청소한다.

2) 청소 장소

Side Work인 장소는 전 직원이 포함된다.

후드 서비스의 부분도 있지만 오히려 플로아 서비스가 여성 중심이므로 청소가 곤란한 장소는 주방에서도 지원한다.

- 건물 외부 선반
- 내부의 천장 등의 높은 위치 청소
- 유리창 위 부분, 벽면 등
- 시간을 요하는 작업 등

사. 서비스 방법에 관한 매뉴얼

1. 단계별 서비스 절차

◎ 1단계 : 서비스 예비 동작

　　– 환영

- 자리로 안내하기
- 메뉴 보여 드리기
- 주문 받기
- 음료 서비스

◎ 2단계 : 서비스 하이라이트

- 찬 세팅
- 가스 로스타의 불을 켠다.(숯불일 경우는 숯불 올리기)
- 불 판을 올린다.
- 육류 서비스
- 가스 로스타의 불을 끈다.(숯불일 경우는 숯불 내리기)
- 식사 제공

◎ 3단계 : 서비스 마무리 동작

- 후식
- 계산
- 작별 인사

2. 고객 영접 및 안내 ——— 안내, 관리자

- 밝은 표정과 미소로써 맞이한다. (Smile)
- 눈을 맞춘다.(Eye contact)

- 예약 여부, 모임명, 인원수를 확인한다.
- 고객의 2-3보 앞에서 안내한다.

● 표 현 :

☞ 어서 오세요 / 안녕하세요

☞ 두 분이십니까? / 몇 분이십니까?

☞ 예약하셨습니까?

☞ 잠깐만 기다려 주세요. 예약 확인해 드리겠습니다.

☞ 안내해 드리겠습니다. 이쪽으로 오십시오.

☞ 오래 기다리셨지요. 안내해 드리겠습니다.

3. 착석 보조 ── 안내, 관리자, 웨이터,

홀 서빙 담당

- 의자를 빼서 고객의 착석을 돕는다.
- 주빈 먼저, 노인, 어린이, 여자, 남자, 호스트

● 표 현 :

☞ 이 테이블 어떻습니까? (어떠세요)

☞ 이 자리가 맘에 드십니까? (맘에 드세요)

☞ 이 자리 괜찮으세요?

☞ 감사합니다. 즐거운 시간 되십시오. (되세요)

4. 테이블 냅킨, 물, 물수건 서브 - 홀 서빙 담당

- 밝은 표정으로 인사를 드린다. / 최대의 환대 표현
- 고객과 시선을 맞춘다.
- 냅킨을 반쯤 펴 드린다.
- 보리차는 컵에 7-8부 되도록 따른다.
- 컵은 1/2 밑 부분을 잡는다.
- 물수건은 비닐을 벗겨서 테이블 오른쪽에 놓는다.

● 표 현 :

☞ 안녕하세요 / 어서 오세요. 담당 ○○○입니다.

☞ 냅킨 펴 드리겠습니다.

☞ 보리차(물, 엽차) 올려 드리겠습니다.

☞ 여기 물수건 있습니다. / 물수건 드리겠습니다.

5. 메뉴 북 보여 드리기(Menu Book Presentation)

― 홀 서빙 담당, 관리자

- 메뉴는 왼손으로 쥐고 옆으로 세워 겨드랑이에 낀다.

- 주문할 고객에게 메뉴 북을 펴 드린다.

● 표 현 :

☞ 실례합니다. 메뉴는 어떤 것으로 하시겠습니까?

6. 주문 받기 ―――― 홀 서빙 담당, 관리자

- 주문서를 들고 바른 자세로 대기한다.
- 단순히 주문 받기보다 적극적으로 판매한다.
- 세일즈맨쉽을 최대한 발휘한다.
- 망설이는 고객에게는 추천해 드린다.
- 눈 맞춤, 미소, 상냥한 말씨로 대한다.
- 음료수 및 주류도 함께 주문 받는다.
- 주문 상품마다 대답한다.
- 주문을 마치면 천천히, 또렷하게 확인한다.
- 주문한 내용을 웨이터 또는 카운터에게 알린다.

● 표 현 :

☞ 추천해 드릴까요? 저희 업소는 생갈비(안창살)가 인기가
   아주 좋습니다.
☞ 저희 생갈비(안창살)는 외국인들에게도 아주 인기가 좋습

니다.

☞ 생갈비(안창살)에는 와인도 아주 잘 어울립니다. 특히 적
  포도주는 건강에도 좋고요.

☞ 주문을 확인해 드리겠습니다. ○○○ ○○○ 하나 주문하
  셨습니다. 더 필요한 것 없으세요?

☞ 대단히 감사합니다. 곧 준비해 드리겠습니다.

7. 전표 끊기 ──────── 홀 서빙 담당

- 주문서에 테이블 번호, 첫 주문(처), 추가 주문(추), 인원
  수, 본인 이름을 명확히 기재한다.
- 주문 상품 명확히 기재한다.
- 추가 주문서는 반드시 합계 수량을 기재한다.
- 단체 고객으로 여러 테이블인 경우 반드시 첫 테이블의 번
  호를 사용한다.

● 표현

☞ 주문입니다.

☞ 감사합니다.

8. 상품 확인 ──────── 홀 서빙 담당

- 상품을 정확히 확인한다.

- 상품이 <u>흐트러지지</u> 않도록 조심스레 운반한다.
- 뜨거운 음식은 식지 않도록 바로 서브한다.

● 표현

☞ 주문하신 생갈비(안창살) 2인분 준비했습니다. / 고객이
확인하도록 보여준다.

☞ 주문하신 마주앙 스페셜입니다.

☞ 주류 먼저 서브한다.

9. 상차림 ─────────── 홀 서빙 담당

- 찬과 육류를 준비한다.
- 겨울엔 먼저 가스 불을 켜 불판을 올리고 여름엔 찬 먼저
상에 올린다.
- 테이블 세팅 규정에 맞게 올린다.
- 소리가 나지 않게 차린다.
- 접시의 가장자리를 잡는다.
- 고객의 우선 순위를 고려하여 차린다.
- 숯불의 경우는 바람구멍이 본인 앞으로 오도록 한다.
- 고객의 동태를 살펴가며 상냥하고 조심스레 행동한다.

● 표 현 :

☞ 실례합니다. 육수(불판) 올려 드리겠습니다.

☞ 실례합니다. 찬 올려 드리겠습니다.

☞ 오래 기다리셨습니다.

10. 육류 서브 ―――――― 홀 서빙 담당

- 고객이 최고의 상품으로 인식하도록 조심스럽고 정성스레 다룬다.
- 일차 구워진 육류를 고객 앞에 놓아주며드시도록 권유한다. / 적절히 말을 건넨다.
- 연속적으로 구워 드린다.
- 타이밍을 맞춰서 추가 주문을 유도한다.
- 추가 찬을 적절하게 올려드린다. / 꼭 고객 의 동의를 얻는다.
- 물은 컵에 1/3이하일 때 추가로 따라 드린 다.
- 재떨이에 꽁초가 너무 많이 쌓이지 않도록 교체한다.

● 표현

☞ 실례합니다. 생갈비 올려 드리겠습니다.

☞ 지금 드시면 아주 맛있습니다. 맛있게 드세요.

☞ 물 따라 드리겠습니다.

☞ 채나물 더 올려 드릴까요?

☞ 생갈비 2인분 추가로 준비했습니다.

11. 식사 주문 및 제공 —— 홀 서빙 담당

- 육류가 거의 끝날 즈음 식사 주문을 받는 다. / 고객의 표
정을 살핀다.
- 육류가 끝나면 가스불을 끈다. (숯불일 경 우는 숯불을 내
린다.) / 뚜껑을 덮는다.
- 식사류를 소개한다.
- 식사를 서브한다.
- 후식을 올릴 때 과일은 식탁 중앙에, 식혜는 상종이(테이
블 매트) 중앙에 서브한다.

● 표현

☞ 생갈비 맛있게 드셨어요? 식사 준비 해드릴까요? / 상품
소개

☞ 맛있게 드셨습니까? 숯불 내려 드리겠습니다. (가스불을
끄겠습니다.)

☞ 실례합니다. 숯불 내려 드리겠습니다. (가스불을 끄겠습
니다.)

☞ 주문하신 비빔 냉면입니다.

12. 계산 ─────── 홀 서빙 담당

- 감사의 마음으로 계산에 임한다.
- 테이블에서의 계산을 원칙으로 한다.
- 현금은 정확히 고객 앞에서 확인한다.
- 수표는 고객의 이서를 받는다.
- 10만 원권 이상의 고액 수표는 관리자에게 보고한다.
- 카드인 경우 카드의 서명과 영수증의 서명이 다른지를 확인한다.
- 봉사료를 받는 경우 꼭 감사의 표현을 한다. / 두 손으로 공손히 받는다.
- 계산시 고객이 불편하지 않도록 바짝 서 있는 태도는 피한다.
- 노골적으로 봉사료를 바라는 태도는 삼간다.

● 표현

☞ 맛있게 드셨습니까? 계산서 올려 드리겠습니다.
☞ 감사합니다. ○○○원을 받았습니다.
☞ 감사합니다. 거스름돈 ○○입니다.

13. 환송 — 홀 서빙 담당, 카운터, 관리자, 안내

- 정자세로 환송준비를 한다.

● 표현

　☞ 대단히 감사합니다. 안녕히 가세요.

　☞ 감사합니다. 다음엔 더욱 더 정성껏 모시겠습니다.

　☞ 감사합니다. 즐거운 여행되세요.

II 외식업 위생서비스 매뉴얼

1. 위생적이고 안전한 음식제공을 위한 식당위생

1) 객실 · 객석

① 객실은 환기시설을 갖추어 실내 공기를 항상 신선하게 유지한다.
② 창문은 방충시설을 갖추어야 한다.
③ 객실은 항상 밝도록 조명시설을 한다.
④ 객실의 천장과 벽은 깨끗하게 유지한다.
⑤ 식탁과 의자는 항상 정리정돈을 한다.

2) 조리실

① 조리실 바닥은 항상 깨끗이 청소하고 건조시킨다.
② 통풍 및 환기가 잘 되도록 한다.
③ 조리실에는 식기류를 씻는 세척시설과 조리원 전용 수세시설을 따로 갖춘다.
④ 조리기구 및 주변을 청결하게 한다.
⑤ 조리실 천장에서 습기가 차서 물이 떨어지지 않도록 한다.

⑥ 배수로와 배수구는 반드시 뚜껑을 덮고 청결하게 유지한
  다.
⑦ 방충망(防蟲網), 방서망(防鼠網)을 설치하고 파손되지 않
  도록 관리한다.
⑧ 2개월에 1회 이상은 꼭 소독한다.
⑨ 쓰레기통은 반드시 뚜껑을 덮고, 주변을 깨끗하게 관리한
  다.

3) 조리 종사자

① 최적의 건강상태를 유지하도록 한다.
② 조리종사자의 개인위생을 위한 시설을 설치한다.
  ▶ 탈의실, 휴게실, 화장실, 샤워실, 손 씻는 시설 등
③ 청결한 위생복, 위생모, 앞치마를 꼭 착용한다.
  ▶ 위생복을 착용하고 화장실 등 불결한 장 소를 가지 않
    도록 한다.
④ 손을 항상 청결히 하며, 매니큐어를 바르거나 반지를 착용
  하지 않는다.
⑤ 손에 상처가 났을 때는 직접 조리에 종사하지 않는다.
⑥ 조리실 바닥에 침이나 가래를 뱉지 않도록 한다.
⑦ 행주로 땀을 닦지 않도록 한다.
⑧ 설사가 나는 경우에는 보건소 등에 가서 치료를 받도록 한

다.

⑨ 사용한 장갑으로 다른 음식물을 조리하지 않도록 한다.

　▶ 예) 닭을 자른 후에 나물을 무쳐서는 안 된다.

⑩ 음식의 맛을 볼 때는 적은 양을 그릇에　떠서 다른 수저로 맛을 보고 사용한 그릇은 다시 사용하지 않는다.

4) 냉장·냉동고

① 가능한 열원 및 직사광선에서 멀리 떨어지게 설치한다.

② 음식은 반드시 식힌 다음에 보관한다.

③ 냉기의 원활한 소통을 위해 많은 양의 음식을 한꺼번에 보관하지 않도록 한다(70% 정도 보관)

④ 냉장고의 문은 꼭 필요한 경우에만 여닫는다.

⑤ 식품별로 냉장고의 온도 분포에 따라 적당한 위치를 선정하여 청결한 용기에 넣어 보관한다.

⑥ 냉동고에는 냉동된 식품류만 보관하고 조리식품은 냉동하지 않도록 한다.

⑦ 냉동식품은 해동 후 재 냉동하지 않도록 한다.

⑧ 정기적으로 청소를 실시한다.

5) 화장실

① 방충(벌레막이), 방서(쥐막이), 환기시설을　갖춘다.

② 위생, 종이 타월 또는 에어드라이버를 비치한다.

③ 화장실 부스 내에 휴지통이나 청소도구를 놓지 않는다.

④ 바닥은 물기를 제거하여 항상 건조상태를 유지한다.

⑤ 버려진 오물은 즉시 제거한다.

⑥ 고장 및 파손 용품은 즉시 수리하고 소모품은 사용 후 교환한다.

⑦ 화장실 관리 점검표를 비치 기재한다.

⑧ 정기적으로 소독한다.

▶세면대, 변기 안쪽을 정기적으로 세척 소 독

▶바닥청소, 소독

6) 손을 반드시 씻어야 하는 경우

① 화장실을 이용한 후

② 손수건을 사용한 후

③ 날 음식물을 처리했을 때-특히 고기류 등

④ 몸을 만졌을 때- 특히 코, 귀, 입, 머리 등

⑤ 담배를 피운 후

⑥ 음식찌꺼기를 처리하거나 식기를 닦고 난 후

⑦ 음식을 먹은 다음 또는 차를 마신 후

7) 조리기구 세척 및 소독

① 위생적으로 안전한 조리기구 선정

- 조리기구는 재질이 유해성 화학물질이 함 유되지 않은 것을 선택한다.

  (재질의 규격, 제조기준상의 허가품목을 선정)

② 세척

- 식기는 사용 후 즉시 음용수로 세척한다.
- 식기를 닦을 때는 반드시 주방용 세제를 사용하여 43℃~49℃의 뜨거운 물에서 문질러 씻고 흐르는 물에 헹군다.
- 식기는 세척 후 행주를 사용하지 않고 건조시킨다.

③ 소독

- 열탕소독(100℃ 5분), 증기소독→식기, 행주 소독
- 살균액 소독→각종 작업대, 기기, 도마 소 독
- 자외선 살균 등→도마, 식기, 컵 살균에 좋음

  (자외선이 닿아야 살균되므로 컵 등 식기를 겹쳐 놓지 않아야 함)

④ 보관

- 청결한 장소 및 보관고에 보관

칼, 도마는···

① 용도별로 구분하여 사용한다.
   • 도마, 칼은 전처리용, 육류용, 채소용, 생 선용으로 구분
② 목재도마보다 합성도마를 사용한다.
③ 사용 후에는 깨끗이 세척한 후 살균 · 소독하여 자연 건조
   시켜 청결한 보관장소 에 보관한다.
④ 세척 • 소독하는 방법
   • 세척- 식기용 세제를 탄 뜨거운 물(음용수)에서 솔을
     이용하여 씻음
   • 소독- 열탕 속에서 가열 살균하거나 살균액 을 이용하
     여 소독한 후 건조시킴

수세미, 행주는···

① 늘 건조한 상태를 유지한다.
② 삶거나 증기소독, 살균액 처리 후 건조

2. 식품구매, 보관

1) 식품구매시 주의사항

① 온도 등 표시된 보존기존에 적합하게 보관, 진열된 제품인

지를 확인하고 구입한다.

② 유통기한이 지난 제품은 사용 및 구입하지 않는다.

③ 제품 포장지에 아무런 표시가 없는 제품은 구입하지 않는
다.

④ 색깔이 유난히 곱거나 진한 제품은 구입하지 않는다.

⑤ 포장상태가 불량하거나 진공포장이 부풀려 있는 제품 및
용기·포장의 파손 또 는 녹이 슨 제품은 구입하지 않는
다.

2) 식품의 올바른 보관 방법

① 육류, 어패류 등 부패·변질이 쉬운 식품은 반드시 냉장·
냉동시설에 보관한다.

② 원료나 가공된 식품은 청결한 진열장이나 전용창고에 보
관한다.

③ 식품은 깨끗한 포장 또는 용기에 밀봉 상태로 보관하되, 유
해곤충 등의 접근을 막아야 한다.

④ 뚜껑을 개봉한 병·통조림은 가급적 빨리 사용하고, 남은
것도 별도용기에 보관한다.

⑤ 음식물은 조리 후 바로 섭취하고, 남은 음식은 냉장고에 보
관하되 오랫동안 보관하지 않는다.

⑥ 냉동식품은 먹을 만큼 해동시키고, 해동식품은 재 냉동시

켜 보관하지 않는다.

⑦ 부패 변질된 식품은 즉시 폐기하고, 보관하였던 용기도 깨
끗이 청소하여야 한다.

3) 식품의 보관기준

※( )은 최장 보관 기간임.

구분	품명	저장온도 ℃		보관기간	
		냉장	냉동	냉장	냉동
육류 및 생선류	쇠 고 기	4	-12 ~ -18	3일(5일)	1개월(3개월)
	돼지고기	4	-12 ~ -18	2일(3일)	15일(1개월)
	닭 고 기	4	-12 ~ -18	1일(2일)	15일(1개월)
	생 선 류	4	-12 ~ -18	1일(2일)	15일(1개월)
	패류	4	-12 ~ -18	1일(2일)	15일(1개월)
	두 부 류	4	-	1일(2일)	-
	달걀	4	-	7일(2주)	-
	어묵	4	-	2일(5일)	-
	우유	4	-	2일(5일)	-

구분	품명	저장온도℃	보관기간	비고
채소류	엽채류 (배추, 양배추, 상추, 시금치, 콩나물)	4~6	1일	씻은 상태
		15~25	3일	안 씻은 상태
	근채류 (무, 양파, 감자)	4~6	2일	씻은 상태
		15~25	7~20일	안 씻은 상태
	오이 · 호박	7~10	5일	씻은 상태
		15~25	3일	안 씻은 상태

3. 위생점검

1) 위생점검 Check List

구분	점검내용						비고
개인위생	손의 청결(씻기) 및 관리 상태 (손톱, 메니큐어)						
	용모(머리, 수염) 장신구 착용여부						
	위생복 착용 상태, 청결 상태 (모자, 앞치마, 신발)						
	질병 및 손의 상처 여부						
	설사여부						
청소 및 소독 생태	냉장, 냉동고의 식품 보관상태						
	변질, 무표시, 유통기한, 경과 제품의 유무						
	식재료가 바닥에 놓여 있지 않은가						
	음식을 담은 용기가 바닥에 놓여 있지 않은가						
	음식은 뚜껑을 덮고 운반 보관하는가						
	음식 취급 시 일회용 장갑 및 기구 이용 여부						
	식수는 음용하기 적절한가						

청소및소독상태	조리장 바닥의 청소 및 건조상태					
	조리 기기 및 기계의 사용 후 청소 상태					
	식기류의 세정상태 및 보관상태					
	도마의 구분 사용, 세정 및 소독상태					
개인위생	배수구, 잔식처리대 주변의 청소, 소독 여부					
	쓰레기통(뚜껑), 잔식통의 청소 및 소독 여부					
	식품 창고의 정리 상태 및 청소 여부(주1회)					
	대청소 실시 여부(주1회)					
	냉장, 냉동고의 청소 및 소독 여부(주1회)					
	창문, 배기후드, 환풍기 청소 상태(주1회)					
온도(℃)습도(℃)	냉장고					
	냉동고					
	창 고					
	조리장					
기타	화장실내 화장지, 비누, 종이타올 준비여부					
	방치된 쓰레기 및 폐품은 없는가					
	흡연은 정해진 장소에서 하는가					
	소화기는 지정된 장소에 있는가					
환경	잔반량					
	폐식용유 반출량					

※ 상태를 양호(○), 보통(△), 불량(×)으로 표시하고
  불량시 비고란에 내용을 기록한다.

4. 식중독

1) 식중독이란?

▶ 식중독을 일으키는 미생물이 부착 · 증식 된 식품 또는 독성 물질이 혼입 잔류한 음 식물 섭취에 따른 건강장해를 말한다.

2) 식중독 예방 3원칙

① 청결의 원칙 : 식품, 식품취급자의 손, 주 방설비 · 기구 등은 항상 청결하여야 한다.

② 신속의 원칙 : 음식물은 가열 · 조리후 곧바로 섭취하여야 한다.

③ 냉각 또는 가열의 원칙 : 식품의 안전성을 확보하기 위해서는 음식물을 냉장(10℃이하) 냉동(-18℃이하) 또는 뜨겁게(60℃이상) 보관하여야 한다.

3) 식중독 예방 10대 수칙

① 식품 구입 시 안전을 위하여 반드시 유통 기한 확인.

② 적절한 방법으로 가열 · 조리.

　- 음식물 조리는 중심부가 75℃이상 되도록 가열 · 조리

　- 냉동식품을 조리 할 경우 냉장상태에서 해 동시키고,

해동한 직후에 바로 조리(급할 때는 흐르는 물에서 해동)

③ 조리된 식품은 가급적 바로 섭취.

④ 보관했던 식품을 섭취할 때에는 다시 가열한 후 바로 섭취. 냉장고에 보관하였던 음식을 섭취할 경우 70℃이상의 온도에서 3분 이상 재가열.

⑤ 음식물은 5℃이하 또는 60℃이상에서 보관.

⑥ 조리된 식품과 조리가 안된 식품은 섞이지 않도록 주의.

⑦ 손을 자주 씻고, 손에 상처가 났을 경우에는 식품취급 금지.

⑧ 주방기구와 식기, 도마, 행주, 칼 등은 자주 소독, 건조.

⑨ 바퀴, 파리, 쥐, 고양이 등이 식품 등에 접근 금지.

⑩ 식품은 흐르는 물로 깨끗이 씻으며 물은 끓여서 마시고 지하수는 소독후 음용수로 사용.

5. 콜레라

1) 콜레라란?

▶ 법정전염병인 콜레라는 오염된 물을 통해 입으로 전염되는 수인성 경구전염병으로 주로 여름철에 많이 발생한다. 콜레라균은 고온에서 쉽게 사멸되는 특징이 있으며 일반 소독제에 대한 저항력도 약한다.

2) 콜레라의 감염경로

① 환자의 구토물

② 직접 접촉 감염

③ 환자나 보균자의 분변으로 오염된 식품이나 물

④ 오염된 바다에서 잡힌 생선 섭취

3) 증상

① 잠복기 : 수 시간 ~5일

② 쌀뜨물과 같은 설사

③ 심한 설사로 탈수상태에 빠짐

▶ 피부가 쭈글쭈글해지고, 갈증이 나고, 소변이 나오지
않음. 땀이 계속 나며 손·발가락에 쥐가 남

④ 복부 경련과 목이 쉼

⑤ 혈압이 떨어져 피부청변증이 생김

⑥ 심하면 사망

4) 콜레라 예방수칙

① 예방접종을 받는다.

② 모든 음식과 물은 반드시 끓여 먹는다.

③ 주방은 조리 후 차아염소산나트륨 용액(락스)로 1일 3회
청소하고 자외선 살균 등을 조사한다.

④ 모든 소형 조리기구는 사용 후 반드시 증기 소독한다.

⑤ 두마, 칼, 대형 조리기구는 사용 후 열탕 소독이나 차아염소산나트륨 용액(락스)으로 소독 후 건조시킨다.

⑥ 행주는 사용 후 반드시 삶아서 건조시킨다.

⑦ 모든 조리원은 손 소독을 철저히 한다. 특히, 화장실을 다녀온 후나 어패류 처리 후에는 더욱 철저히 한다.

⑧ 보균자의 식품 취급 및 조리를 금지한다.

⑨ 설사가 나는 경우 조리를 금지하고 보건소 등에서 치료를 받는다.

6. 세균성이질

1) 세균성이질이란?

▶ 세균성이질균에 의한 감염증으로 고열·설사(고름이나 피가 섞인 설사), 복통·구역질 등 증상이 나타남.

2) 예방

① 음식과 물을 끓여 먹는다.

② 화장실을 다녀온 후, 식사전·조리 전에는 흐르는 물에 비누로 손을 씻는다.

③ 화장실 및 주변 소독을 철저히 하고 음식물에 파리가 닿지 않도록 한다.

7. 건강진단

1) 건강진단 대상자 검사 항목별 횟수

성병건강진단대상자	건강진단항목별 횟수		
	매독검사	HIV검사	그 밖의 성병검사
1. 식품위생법 시행령 제7조제8호 가목의 규정에 의한 휴게음식점 영업중 다방의 여자 종업원	1회/6월	1회/6월	1회/6월
2. 식품위생법 시행령 제8조의 규정에 의한 유흥접객원	1회/3월	1회/6월	1회/1월
3. 안마사에 관한 규칙 제7조제4호의 규정에 의한 안마시술소의 여종업원	1회/3월	1회/6월	1회/3월
4. 특수 업태부	1회/3월	1회/6월	1회/1주

대 상	건강진단 항목	횟 수
식품 또는 식품첨가물(화학적 합성품인 식품 첨가물을 제외한다)을 채취·제조·가공·저장·운반 또는 판매하는데 직접 종사하는 자, 다만, 영업자 또는 종업원 중 완전 포장된 식품 또는 식품 첨가물을 운반 또는 판매하는데 종사하는 자를 제외한다.	1. 장티푸스(식품위생관련 영업 및 집단급식소 종사자에 한한다.	1회/년
	2. 폐결핵	
	3. 전염성 피부질환(한센병 등 세균성 피부질환을 말한다)	

8. 안전점검 Check List

항목	점 검 사 항	점검결과
바 닥	바닥이 부서지거나 사람이 걸리거나 넘어질 위험은 없는가?	양호 • 불량
	쏟은 국물이나 음식부스러기는 즉시 치우는가?	양호 • 불량
	자주 젖어 있거나, 사람이 많이 다니는 곳에 미끄러짐을 방지하도록 매트가 깔려 있는가?	양호 • 불량
	미끄러짐을 방지하기 위해 작업 중간에 청소하는가?	양호 • 불량
	배수로에 기역자 모양의 덮개가 있는가?	양호 • 불량
	모든 카펫은 걸려 넘어지지 않도록 안전하게 고정시켜 놓았는가?	양호 • 불량
창 고 및 냉 장 고	바닥이나 문 뒤, 복도, 계단 등에 물품이 보관된 것은 없는가?	양호 • 불량
	선반은 물품의 무게를 견디기에 충분한가?	양호 • 불량
	무거운 것은 아래에, 가벼운 것은 위에 보관하는가?	양호 • 불량
출 입 구	복도와 문은 청결하게 유지되고 보수되는가?	양호 • 불량
	모든 출입구는 내부에서 열쇠없이 열리도록 되어 있는가?	양호 • 불량
	출입구는 위험한 구역을 통과하지 않도록 되어 있는가?	양호 • 불량
	출입구로 가는 통로가 잘 설계되어 있으며, '출입구'하는 표시가 명확하게 되어 있는가?	양호 • 불량

항목	점검사항	점검결과
배식공간과 식당	배식대와 식탁의 가장자리에 부서진 곳은 없는가?	양호 • 불량
	모든 식기는 금이 가거나 이가 빠진 곳이 없는지 정기적으로 조사하는가?	양호 • 불량
	파손된 그릇이나 조각이 안전한 방법으로 폐기되는가?	양호 • 불량
	식탁은 음식을 나르거나 가져갈 때, 서로 부딪히지 않도록 잘 배치되었는가?	양호 • 불량
	천장은 견고하며, 보수가 쉬운가?	양호 • 불량
	식탁과 의자는 수리가 잘 되었는가?	양호 • 불량
출입구	출입구로 가는 통로에 기기나 기구가 놓여있지 않은가? 기기나 운반 카트가 잘 통과할 수 있는가?	양호 • 불량
	문은 사고가 날 수 있는 통로 쪽으로 움직이지 않도록 되어 있는가?	양호 • 불량
	계단과 경사로는 확실하게 표시되어 있으며, 밝은가?	양호 • 불량
	계단에 손잡이 난간이 설치되어 있는가?	양호 • 불량

가 스	배관이나 호스가 손상된 곳은 없는가?	양호 • 불량
	배관 호스의 연결부 비눗물 점검 결과 누출된 곳은 없는가?	양호 • 불량
	중간 밸브는 견고하게 고정되어 있으며 작동은 잘 되는가?	양호 • 불량
	보일러실 배기통은 막히지 않고 잘 빠져나가는가?	양호 • 불량
	보일러실 급기구나 환기구는 막히지 않았는가?	양호 • 불량
	가스 경보기는 작동이 잘 되고 있는가?	양호 • 불량
	작업이 끝난 후 가스 밸브는 꼭 잠갔는가?	양호 • 불량
전 기	전기 배전판의 누전 차단기가 제대로 작동하는가?	양호 • 불량
전 기	전선과 코드가 마모된 부분은 없는가?	양호 • 불량
	작업이 끝난 후 전선의 정리는 잘 되었는가?	양호 • 불량
	작업이 끝난 후 전체 전원스위치를 off시켰는가?	양호 • 불량
화 재 예 방	소화기는 제자리에 눈에 띄게 설치하였는가?	양호 • 불량
	소화기 상태는 어떠한가?	양호 • 불량

구분	점검내용	/	/	/	/	/	비고
개인위생	손의 청결(씻기) 및 관리 상태 (손톱, 매니큐어)						
	용모(머리, 수염) 장신구 착용 여부						
	위생복 착용 상태, 청결 상태(모자, 앞치마, 신발)						
	질병 및 손의 상처 여부						
	설사여부						

저자와
협의인
지생략

미라클 고객감동

2004년 7월 25일 1판 1쇄 인쇄
2005년 9월 10일 1판 2쇄 발행
저 자
김 진 익
발행인
심 혁 창
발행처 도서출판 한 글
서울 특별시 마포구 아현동 371-1
☎ 363-0301 FAX 362-8635
홈페이지 www.hangeul.co.kr
E-mail simsazang@hanmail.net
등록 1980. 2. 20. 제10 - 33호.

정가 15,000원

ISBN 89-7073-082-6-93330